U0690117
希利尔
儿童世界历史
【美】维吉尔·莫里斯·希利尔 著
《小小冒险家》编辑部 编译
中国铁道出版社有限公司
CHINA RAILWAY PUBLISHING HOUSE CO., LTD.

你们知道吗，在你们出生前，
这个世界上就已经发生了很多事情，
跟着本书，我们一起回到过去……

你们知道拿破仑这样的历史人物吗？
打开这本书，
我会讲更多历史人物和故事给你们听。

编译者序

当你的孩子对这个世界开始产生好奇，当他整天围在你身边问各种各样的问题时，你是否会觉得，自己能告诉他的知识实在太匮乏。

当他对我们生活的这个星球充满了疑问与好奇的时候，这说明他开始成长了。

很多时候，你会苦恼，苦恼自己不能把自己知道的知识完完整整地告诉他，苦恼自己无法把那些枯燥乏味的知识说得更生动一些，这个时候，你就需要一本充满童趣的、生动的图书来帮助你。

《希利尔儿童世界地理》《希利尔儿童世界历史》《希利尔儿童艺术史》由此诞生。原书的作者维吉尔·莫里斯·希利尔（1875–1931），毕业于哈佛大学，是美国著名的儿童教育家、科普作家。他在担任卡尔弗特学校第一任校长期间，创建了“卡尔弗特教育体系”，即小学函授教育体系，成为教育史上采用儿童远程教育体系的第一人。

希利尔人文三部曲，惠及了世界各地渴求知识的孩子们。在这本《希利尔儿童世界历史》里，作者用儿童日常生活中的事提问，引发读者思考，从而引出相关的历史故事，并且还首创编年史的讲述方式，兼顾历史事件和历史人物，用一个又一个生动的例子把历史讲得栩栩如生。从地球形成到第二次世界大战后的世界，仿佛一切都近在咫尺，离你并不遥远。

作者认为，在文章中渗透历史年代的概念，可以让孩子们了解时代全貌，认识历史全景，而不是孤立地看待事件。读过此书，心中便有了一幅历史地图，一架时间楼梯。

亲爱的小朋友，如果你愿意去探索世界上每一处的独特文化，那么，带上好奇和渴望，开始时空穿梭，进入历史的世界吧！

站在中国儿童的角度重新解读

本书原著作者是以美国人的角度看世界、讲世界知识，这就导致了中国孩子在阅读时会产生一些障碍。本书尝试以中国人的阅读习惯和方式去重新编译，站在中国人的角度，用讲故事的形式深入浅出地让孩子们去了解世界知识。

配有手绘图，阅读更有趣

原著密密麻麻的知识点，容易使孩子感到阅读压迫。我们用孩子的眼光去发掘书本里的乐趣，将有趣的知识点用手绘形式表现出来，比文字更能让人产生兴趣。

重新归纳章节，阅读更顺畅

以历史分册为例。原著里有的国家只一章，有的国家有很多章，而且通过目录看不明白章节含义。本书按照国家与地域来重组章节，归纳成现在的四十八章。我们重新润色了原书的标题，增加了副标题和小节标题，让孩子对阅读的国家和地区的知识一目了然，快速进入阅读状态。

新增知识链接，删减旧信息

本书在编译过程中新添加了一些国家的名人、名言知识，以链接的形式穿插在文中，方便孩子更好地阅读和理解，扩大孩子的思考范围。另外，原著创作距今有上百年了，有些信息已经过时，此次我们也相应地对书中部分内容进行了删减，以期让小读者们有更好的阅读体验。

孩子们，这部分内容不是写给你们看的，而是给你们的父母和老师看的。

在我还是孩子的那个年代，一般来讲，接触到的历史，除了本国之外，其他国家的历史内容，几乎是空白的。我就是在这种教育下长大的，直到我八九岁的时候。

对我来说，我以为 1492 年①就是世界历史的开始，于是，但凡我读到或听到 1492 年之前发生的事时，我的大脑都会固执地把它们归类为童话。

就像德克萨斯州的孩子们，只学习本州的历史，这样显然是不足的，这跟美国孩子只接触美国的历史，道理一致。这样的历史教育，被人们冠以“爱国”的美名，不过，很遗憾，这样的教育往往导致自大与褊狭，这种自大是建立在对其他的民族和时代完全无知的基础上。一个人，应该略微知晓他国的历史，应该有全面的眼光，明智且客观地看待周围的世界。基于这一认识，在第一次世界大战后，全面了解历史被人们提上日程。

孩子们大约 9 岁开始，会对过去发生的历史有浓厚的兴趣，并且对世界历史的概念能够愉悦领悟。当然，质疑和反对声从未停止过，不过，这样的历史教学观逐渐被人们所接纳。

显然，9 岁小朋友的思维是浅显的——他们也许还相信圣诞老人的存在，他们在一些观念与词语的理解能力上，显得有些稚嫩。所以，就新知识的表达而言，当然简明流畅较好。

因此，这本书挑选的主题和内容并不是最重要的——能够被孩子们所理解和喜欢

---

① 1492 年，是哥伦布发现美洲新大陆的那一年，由于当时美国的历史教育只讲自己国家的历史，所以当时美国孩子们还以为 1492 年就是世界历史的开端。

才是最重要的。世界历史上出现的奇闻异事，抑或伟人，在本书均有涉及，不过，这本历史书只是一本基础读物，没必要把内容写得那么复杂、全面。

虽然现存的历史书籍中已经写入了许多非常精彩的人物传记和历史故事，但这些读物不会提供一个明显的历史大纲，这样孩子读起来，不过是浮现在孩子脑海中的一个个孤立的故事，与时间或空间没有任何关联。

因此，本书采用了编年体——一个世纪接着一个世纪、一个时代接着一个时代讲述那些发生的故事。一个国家会被另一个国家的故事插入打断，这样可以让孩子们了解时代的全貌，不孤立地看待问题。

引言后附有一个“时间阶梯”。这个阶梯的目的在于让孩子对世界历史的时间和发展有个基本的形象的认识。每一“级”台阶，表示一百年，也就是一个世纪，每一“层”阶梯，表示一千年。如果孩子的房间里有一面空白的墙，不妨让他把这个“时间阶梯”画在墙上，从地板开始，一直画到他能够得着的地方。若是这面墙对着孩子的床，那就更好了，这样一来，当孩子惺忪着晨起时，就会在“时间阶梯”里看到各种历史过往，并且幻想出各样的图景。不管怎样，时时参考这样一个时间表，在孩子们的历史学习中，必不可少，因为长此以往，他们的脑际里，会清晰地浮现过去的历史。

起初，历史年表上的数字，或者表述的时间跨度，可能不为小孩子领会，甚至他们根本分不清公元 2000 年、公元前 2000 年和公元前 20000 年这样的概念。也许，只有不断地参考“时间阶梯”，才能使时间的概念在他们的大脑里形成鲜活的印象。所以，如果在没有“时间阶梯”对应的情况下，当我们听到一个孩子表述“第一届奥运会于公元 776000 年举办、意大利坐落于雅典、亚伯拉罕在特洛伊战争中胜出”时，你也许觉得太好玩了，不过，别惊诧！

假如一屋子的陌生人让你一次性短时间认识，那么，一个个记住名字也许太难了，再把名字和长相联系起来，根本就不可能。同样的道理，世界历史呈现到孩子的面前，也不能像干巴巴地介绍陌生人一样，因为孩子很难思维对号；而且，一次介绍太多也是一个糟糕的主意，这样势必一瞬间就混淆了“名字”与“长相”的关系。反复地重复新的人名、地名很有必要，这样才能让孩子们逐一加深印象，否则的话，罗列的陌生人名、地名，会让孩子们“抓狂”。

本书的目的就是提供一个基础的历史大纲，以便未来孩子们再来填充，因此一定要让孩子们牢记“时间阶梯”。就像孩子们学习乘法口诀一样，一定要达到“铭记不忘”的效果，牢记了这个“时间阶梯”，孩子们就能把每个时期的相关主题如数家珍地表达出来。

所以，本书作为一本基础性的历史教科书而存在，不能定义为是补充读物。针对历史事件，文本中给予了详尽的讲述，历史的“骨架”，有了“血肉”的充盈，栩栩如生。

且不论如何在书中呈现历史，最重要的是孩子们要做到勤动脑筋，努力学习。要达到这一目的，最好让孩子在阅读相关章节后，进行复述，讲清楚故事的轮廓，以及涉及的人物与日期，这样一来，孩子们就能真正了解历史的始末。

我想起了一个场景：那是一个大学毕业不久的小伙子，走上了第一堂历史课的讲台。他异常兴奋，热情满满。上起课来，甚至搭配说唱，一幅幅地图，操场上、地板上、黑板上，到处都是。有时候，为了阐述一个知识点，他会立马画图，用手支撑着身体跳过桌椅，甚至雀跃倒立。孩子们当然喜欢他的课，一个个竖着耳朵，瞪圆双眼，如痴如醉。不过一月后，慈祥的校长建议他为学生进行一次测试，于是，他自信地出了几道考试题。

考试只有3个问题：

1.你对哥伦布有多少了解？

2.你对詹姆斯敦有多少了解？

3.你对普利茅斯有多少了解？

有一个对这门课特别感兴趣的学生，是这样回答的：

1.他是一个韦大（他把“伟大”写错了）的人。

2.他是一个韦大的人。

3.他也是一个韦大的人。

（笑）

公元 2000 年

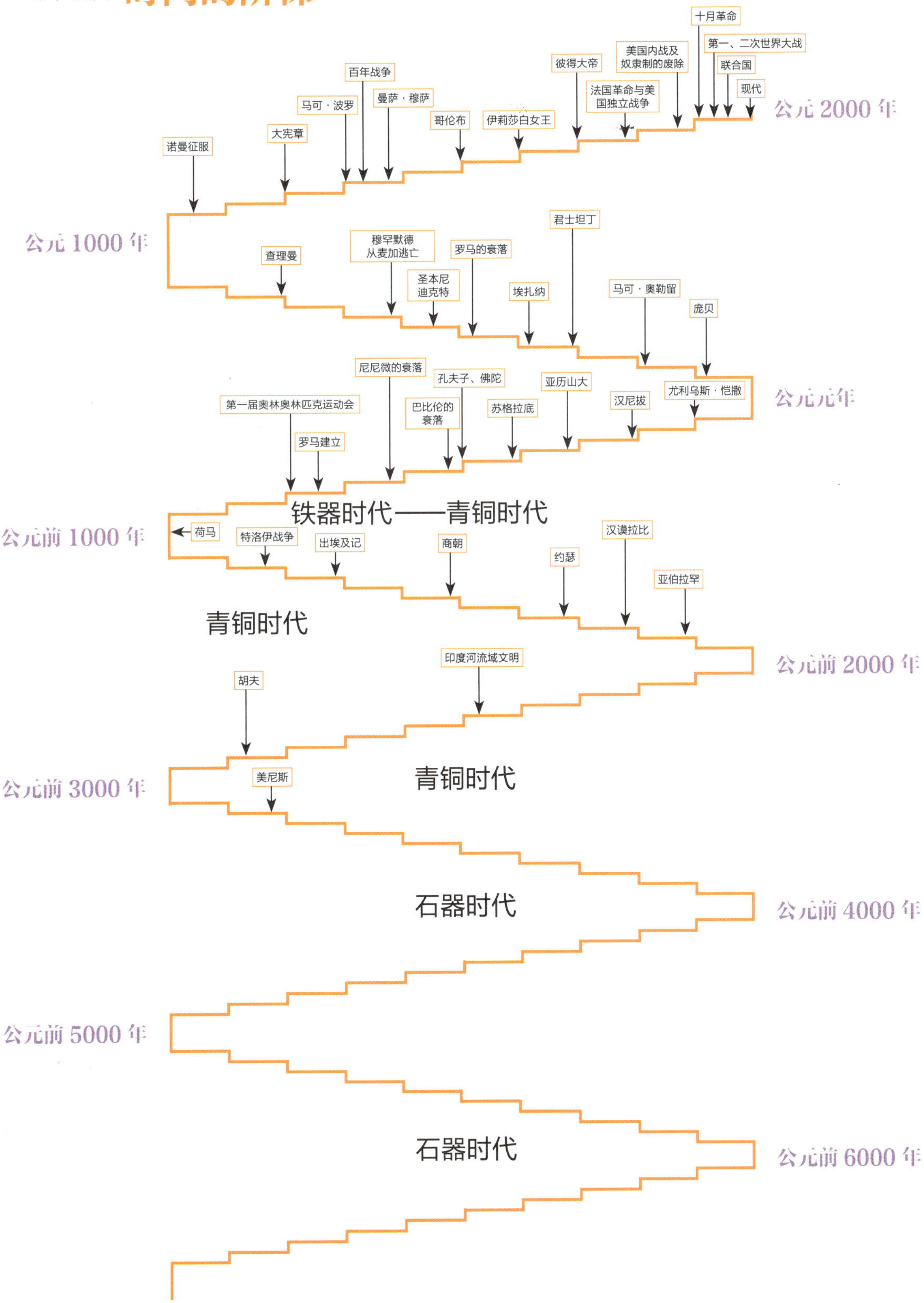

十月革命
第一、二次世界大战
联合国
现代
美国内战及奴隶制的废除
法国革命与美国独立战争
彼得大帝
伊莉莎白女王
哥伦布
百年战争
曼萨·穆萨
马可·波罗
大宪章
诺曼征服

公元 1000 年

查理曼
穆罕默德从麦加逃亡
圣本尼迪克特
罗马的衰落
埃扎纳
君士坦丁
马可·奥勒留
庞贝

公元元年

尤利乌斯·恺撒
汉尼拔
亚历山大
苏格拉底
孔夫子、佛陀
巴比伦的衰落
尼尼微的衰落
第一届奥林奥林匹克运动会
罗马建立

铁器时代——青铜时代

公元前 1000 年

荷马
特洛伊战争
出埃及记
商朝
约瑟
汉谟拉比
亚伯拉罕

青铜时代

公元前 2000 年

印度河流域文明
胡夫

公元前 3000 年

美尼斯

青铜时代

石器时代

公元前 4000 年

公元前 5000 年

石器时代

公元前 6000 年

目录

第1章 万物起源
生命盛宴的开始 / 2

第2章 原始人类
住在洞穴里的人 / 8

第3章 火和金属
原始社会最早的发现 / 12

第4章 古埃及
尼罗河孕育出的文明 / 15

第5章 古巴比伦
两河流域的文明古国 / 22

第6章 古希腊神话
诸神的时代 / 28

第7章 特洛伊战争
一个苹果引发的战争 / 33

第8章 腓尼基人
是谁发明的 A、B、C / 37

第9章 斯巴达人
如钢铁般坚硬 / 40

第10章 奥林匹克
赠你树叶桂冠 / 44

第11章 罗马城
与母狼有关的传说 / 47

第12章 古印度
神秘的东方国度 / 51

第13章 古希腊民主政治
富人与穷人的较量 / 55

第14章 共和政体
罗马人赶走了国王 / 58

第15章 希波战争
长达半个世纪的战争 / 62

第16章 伯里克利时代
雅典的黄金时代 / 69

第17章 亚历山大
少年国王 / 73

第18章 智者
谁是古希腊最聪明的人 / 77

第19章 罗马帝国
世界新霸主 / 80

第20章 恺撒
罗马帝国的无冕之皇 / 84

第21章 屋大维
被奉为神明的皇帝 / 88

第22章 耶稣
神爱世人，赐子耶稣 / 92

第23章 日耳曼人
欧洲人凶猛的祖先 / 99

第 24 章 阿拉伯人
伟大的创造者 / 102

第 25 章 中世纪
黑暗的城堡制度 / 106

第 26 章 骑士
骑士修炼记 / 110

第 27 章 波罗兄弟
会讲故事的威尼斯商人 / 113

第 28 章 英法之战
历史上时间最长的战争 / 116

第 29 章 指南针、印刷术和火药
神奇的中国发明 / 120

第 30 章 航海时代
寻找财富的冒险家们 / 124

第 31 章 文艺复兴
古典文化的重生 / 131

第 32 章 女王时代
女人也能当国王 / 135

第 33 章 斯图亚特王朝
封建王权的陨落 139

第 34 章 法国大革命
路易家族的消亡 / 143

第 35 章 彼得一世
自力更生的国王 / 151

第 36 章 腓特烈大帝
爱音乐的国王 / 155

第 37 章 美国的诞生
为自由独立而战 / 159

第 38 章 拿破仑
矮小的巨人 / 164

第 39 章 解放运动
不再沉默的拉丁美洲 / 171

第 40 章 近代化的开端
1854-1865 年的日报 / 175

第 41 章 德、意、法
欧洲的三个“新”国家 / 179

第 42 章 发明创造的时代
轰隆隆的蒸汽机 / 182

第 43 章 工业革命
科技的发展带来了什么 / 186

第 44 章 第一次世界大战
全世界的暴乱 / 189

第 45 章 短暂的 20 年
不太平的和平时期 / 192

第 46 章 第二次世界大战
最恐怖的战争 / 196

第 47 章 苏联
一个新的世界强国 / 201

第 48 章 昨天、今天、明天
不断更新的人类社会 / 204

万物起源

生命盛宴的开始

How Things Started

区位｜地球　时间｜远古

你有这样的好奇吗?

从前有个小男孩,

每天早上他要在床上待到 7 点,直到全家人都准备起床。

可是,他总在早上 7 点前就醒了,所以他常躺在那儿,思考着各种古怪的事情。

他总是在好奇这样一件事:

如果这个世界上——

没有爸爸、妈妈,

没有叔叔、阿姨,

没有兄弟,也没有其他玩伴,

除了他自己,世界上什么人也没有,

那么,这个世界会是什么样呢?

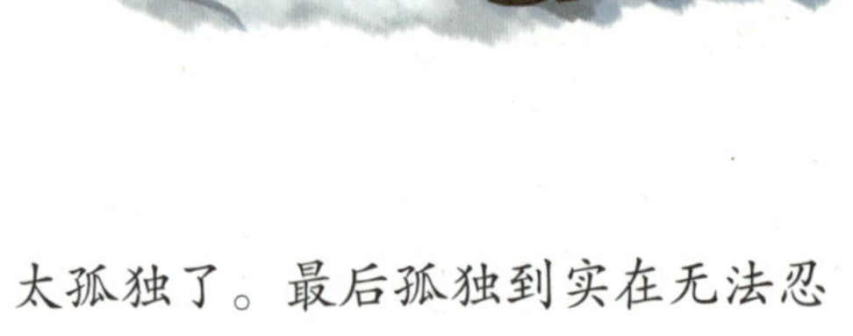

他想啊想,觉得这样的世界太可怕了,太孤独了。最后孤独到实在无法忍受了,他就会跑到父母的房间,蹦上床,靠在他们身边,希望将可怕的想法赶走。

我曾经就这样——因为我就是那个小男孩。

“更早、更早”以前的世界

那么，在很久很久以前，那时世界上没有男人、女人和孩子，全世界什么人都没有。当然更没有房子了，没有镇子，没有城市——现在人建造的东西那时一样也没有。只有动物——乳齿象和恐龙，鸟类和蝴蝶，青蛙和蛇，乌龟和鱼类，等等。你能想象出那样的世界吗？

那么，

比这更早、更早、更早以前的时候，

世界上没有人，也没有动物，只生长着各种各样的植物。你能想象出那样的世界吗？

那么，

比这更早、更早、更早、

更早、更早、更早以前的时候，

世界上没有人，没有动物、没有植物，到处只有光秃秃的岩石和水。你能想象出那样的世界吗？

比这更早、更早、更早、更早、

更早、更早、更早、

更早以前的时候——你可以一直重复——“更早、更早、更早”，那时根本还没有地球！

只有星星和造星星的“神仙”。

从太阳到人类的出现

真正的星星既不像国旗上的五角星，也不像挂在圣诞树上的金色星星。天空中真正的恒星没有尖角。它们是一个个巨大的燃烧着的火球。但是，每个星

太阳大爆炸

星都那么巨大，巨大到我们地球上任何地方都没有东西可以和它们相比，有的星星上的一小点、一小片甚至比我们的整个地球都大。

其中的一颗星星就是我们的太阳。如果可以像靠近太阳那样靠近其他星星的话，我们就会发现，它们看上去和太阳一模一样。但是在很久很久以前，太阳并不像我们现在看到的那样是一个又圆又大、又刺眼又炙热的火球，那时它更像我们看到的烟花，在空中一边旋转着，一边喷射出点点火星。

在那些飞溅的火花中，其中的一点被喷到了很远的地方，就像从壁炉里燃烧的木柴上爆出的火星逐渐冷却下来一样。

这颗逐渐冷却下来的火星就是——

你猜猜看……

就是我们的世界——我们今天生活的地球！

不过，一开始地球只不过是一个像岩石一样的球体而已，这个石球的表面像是被浓浓的水蒸气包裹着一样。

然后，浓浓的水蒸气就变成了雨，雨水落在地球上。

雨下啊，下啊，一直下，

雨下啊，下啊，一直下，

雨下啊，下啊，一直下……

直到雨水把地球上的空洞都填满了，便形成了一个又一个的“水坑”。这些水坑就是海洋，干燥的地方都是光秃秃的岩石。

后来，海洋形成之后，最初的生物出现了——一种非常微小的植物，小到你只能在显微镜下才看得见。开始，它们只生活在水里，紧接着又蔓生到水边，最后爬上了岩石。

再后来，灰尘落在地球上，慢慢变成了土壤，它覆盖了岩石，把岩石变成了陆地，植物就在陆地上蔓延开来。

再后来，水里出现了极小的微生物，就像最先出现的植物一样，它们小到只有那么一点点，没有显微镜根本就看不见。

早期海洋生物

再后来，水里出现了大一点的生物，像水母、蛤蜊等。接着出现了一些类似昆虫的生物，有些生活在水里，有些生活在陆地上，比如蟑螂，有些则生活在空中。

接下来出现的是生活在水里的鱼类。

紧随其后出现的则是两栖动物，比如青蛙，它们既能生活在水里，也能生活在陆地上。

再后来是爬行动物，比如蛇、龟、蜥蜴、巨型恐龙。

再接下来出现了下蛋的鸟类，还有像狐狸、猴子和牛这样的哺乳动物，它们将孩子生下来后再哺乳。

到最后，你猜猜看出现了什么？是的——人类——男人、女人。

我们再来回忆一下世界万物出现的顺序，看看你还能记住吗？

人类进化史

星球

太阳

火花

地球

水蒸气

雨

海洋

植物

微生物

水母

昆虫

鱼类

两栖动物

爬行动物

鸟类

哺乳动物

人类

那么，你觉得接下来还会出现什么呢？

侏罗纪恐龙

原始人类 住在洞穴里的人 Primitive human

区位|地球　时间|远古

猜一猜

你猜猜我是怎么知道那些发生在很久以前的事情的？

其实，我也不是很清楚，很多事情只是猜测罢了。

但是猜测也有很多种。有一种就像我们平时猜硬币那样，全靠你的运气。

还有另外一种猜测。比如雪地上有一串鞋印，我就会猜测一定有人刚刚经过了这里，因为靴子自己是不会走路的。像这样的猜测，就不是靠运气，而是依据常识。

所以说，虽然我们没有亲身经历过那个时代，也没有人亲眼看到那些事情，但仍然可以根据科学常识来推测出许多发生在很久以前的事情。

我们在世界各个地方，已经挖掘到地下很深的地方，你猜在那里发现了什么？

人们发现了很多箭头、矛尖和斧头！

最奇特的是，这些箭啊，矛啊，斧啊，它们不是用铁或钢做的，而是用石头做的。

如今，我们可以确信只有人类才能制作出这些工具，因为鸟类、鱼类或其他动物不使用斧头或长矛。我们还确信，这些人一定生活在铜和铁出现以前，因为这些东西埋在地下那么深，一定需要很长的时间。后来，我们发现了这些人的骨头，他们在几百万年前就死去了，那时候还没有人记载历史呢！因此，我们知道远古人类和现代人一样——也要劳动、玩耍、吃饭、打仗，尤其是打仗。

人类使用石制工具的史前时期也因此被称作“石器时代”。

纯天然的“原始生活”

那个时代的人们生活是很艰苦的，我们今天所拥有的东西他们一样也没有。

有些野生动物会做窝。而早期的原始人还不会造房子，他们只能找一些简单的、纯天然的藏身之处。比如那些岩石上或山坡上的洞穴，他们在里面既可以躲避严寒、暴风雨，又能躲避野兽。因此，这个时期的男人、女人和小孩被称为“穴居人”。

他们出去打猎的时候也会提防躲避那些凶猛的野兽。他们会在地上挖个陷阱，上面盖上树枝，以此来捕猎动物；如果有机会，就直接用棍棒、石头打死动物，或者用石制的箭或斧头猎杀动物。他们还在居住的洞穴墙上画上或刻上这些动物的模样，有些图画至今还清晰可见。

穴居人

他们以浆果、坚果和植物的种子为食，那个时候还没有火，他们从鸟窝里掏鸟蛋只能生吃。他们还喜欢喝动物的热血，就像你们喜欢喝牛奶一样。

他们交谈的时候只能用一些非常简单的词语，听起来类似一种咕哝、咕哝的声音。那个时候还没有布，他们通常用动物的皮毛来做衣服。

早期的人类，一天的大部分时间都用来狩猎、采集，同时他们还要躲避猛兽，以免成为它们的猎物。他们没有大象那样厚的皮，没有熊的厚毛保暖，也无法像小鹿那样快速地奔跑，更比不上像狮子有着尖牙、利爪和强健肌肉。所以，那个时候人类是很脆弱的，能活到成年就已经很不容易了。

虽然说，原始人类在体格上比动物弱小，但他们有比动物聪明的头脑和灵巧的双手。他们可以思考，可以想出更好的方法来生存。

有了头脑，他们就可以学会使用工具。有了双手，他们就可以制造和使用工具。

假如你穿越到石器时代

如果你是一个生活在石器时代的男孩或女孩，我不知道你觉得这样的生活怎么样。

每天早晨起床后，不用洗澡，甚至不洗手、不洗脸、不刷牙，也不梳头发。

吃东西用手抓，因为既没有刀叉，也没有勺子、茶杯或茶碟，只有一个碗——这还是你妈妈用泥做的，放在阳光下晒干后用来盛水喝；没有盘子倒也省事，这样就不用洗碗了；没有桌椅，则无须讲究什么餐桌礼仪了。

这里没有书，没有纸，没有铅笔。

不分周六、周日，也没有元旦或国庆，除了晴天、雨天的区别，其他的日子都是一样的。当然，那时候也没有学校，天天都是假期。

除了玩泥巴，摘浆果，和你的兄弟姐妹玩玩捉迷藏，你整天就没什么事情可做了。

我想，你应该很喜欢这样的生活吧！

可能，你会觉得“真棒！就像露营一样”。

但是，你可能没想到生活的另一面。

原始人类的日常生活

山洞里阴冷潮湿，光线也很暗，光秃秃的地面或者铺上一些草堆就是你的床，洞穴里可能还有蝙蝠和巨型蜘蛛。

如果你的父亲能捕获到猎物，那或许你身上还能裹着一些毛皮，但也只能遮住身体的一部分，要是天气特别寒冷，你甚至会冻死。

你的早餐可能只是一些干果、草籽或一片生肉，午餐、晚餐还是同样如此。

像面包、奶酪、煎饼加果汁这些，你就不用想了，更别说加糖麦片、苹果派或冰激凌了。

你整天没什么事可做的，但时刻要提防野兽，比如熊啊，老虎啊。要知道山洞可是没有门的，如果一只老虎发现了你，就算你躲进山洞也无济于事。

每天都可能活得提心吊胆的，说不定哪天，你的父亲或兄弟出去狩猎，就再也回不来了，你知道他们肯定成为了林中野兽的美餐，而你也不知道，什么时候就会轮到你。

如果是这样，你还会喜欢生活在那个时代吗？

火和金属 原始社会最早的发现

Fire and metal

区位 | 地球　时间 | 远古

第一个伟大“发现”——火

最早的事情往往是最有趣的——第一个孩子、第一颗牙齿、第一次走路、第一次说话、第一次奔跑。这本书主要也是关于这些“第一”的故事，那些排在第二、第三、第四或第五的事情将来你会慢慢地读到、学到。

最初的原始人并不知道什么是火。他们没有火柴，没有火可以烧饭，也没有任何来照明或取火的办法，夜幕降临，一片漆黑。我们现在也无法确切地知道，他们在何时何地开始学会了生火和用火。

钻木取火

如果你快速地搓手，手就会暖和起来，如果再搓快点，手就会发烫。同样，你非常快、非常快地摩擦木棍，它们就会变得滚烫，不断地摩擦下去，越来越快，最终就会点燃木棍。美洲原住民和童子军都是用这种方式来生火的。

火是人类最早的发明之一。对于当时的人们来说，这项发明的意义就像我们这个时代发明电灯一样了不起。

金属的出现

石器时代的人从不剪头发、刮胡子，可能他们也不想这样，但他们没有工具。

他们没有布做的衣服，即使有布，也没有剪裁、缝纫的工具。

他们没有叉子和勺子，没有壶和锅，没有桶和铲子，也没有编织针和别针。

石器时代的人从来没有看过，也没听说过钢、铁、锡、铜这些金属，也没有见过这些金属做成的东西。他们就在没有任何金属制品的条件下，生活了千万年。

突然有一天，某个人偶然发现了什么，这是一次伟大的“发现”。

他正在生火，在火的四周他放了一些石块，围起来有点像火炉一样。碰巧，他挑来的石头刚好不是普通的石头，而是我们现在所说的“矿石”，因为它里面含有铜。火的高温熔化了石头里的铜，使它流淌到地上。

发现铜的穴居人

这些亮闪闪的一滴一滴的东西是什么？

他仔细地看了看，瞧了瞧。

这些小珠子是多么漂亮啊！

因此，他又将一些岩石放到了火中，从而得到了更多的铜。

第一种金属就是这样被发现的。

一开始，人们只是把它做成项链和各种装饰品，因为它闪着金光，非常好看。但是，很快人们就发现铜可以锤炼成锋利的箭头和刀刃，这些工具可比以前用石头做的强多了。

更多金属的发现

我们猜测，后来锡也是在这种情况下被发现的。随后，他们又发现了将锡和铜熔合而成的金属，会更硬、更好用。这种锡和铜的合金，我们现在称为青铜。在那之后的两三千年里，人们一直用青铜制造工具和武器。我们把人类使用青铜工具和青铜武器狩猎、打仗的时代称为“青铜时代”。

再后来，有人发现了铁，很快，人们就发现铁比铜或青铜更适合做成大多数实用的东西。“铁器时代”开始于铁的发现，一直延续了三千多年。

生活在青铜时代和铁器时代的人类，在发现金属以后，他们能做很多事情，比过去石器时代所做的事情要多多了。

也许，你可能在神话或童话里也听到过“黄金时代”，但是它所表达的可是另一回事。黄金时代是指一切都很美好，人人都很智慧而善良的一个时期。不过，我却认为历史上这样一个“黄金时代”从未真正出现过——它恐怕只存在于神话中吧。

古埃及 尼罗河孕育出的文明

The ancient Egyptian

区位 非洲 · 埃及　时间 公元前 3100 年左右

古老的埃及

埃及是一个适合人们居住的好地方，这主要是因为尼罗河的“馈赠”——每年河水都要泛滥一次。人们知道河水泛滥何时到来，他们发明了一种历法来记录它的规律。也许你会觉得这是一件很头痛的事情，但是，等到绝大部分河水退去，整个河谷就留下一层肥沃湿润的黑色泥土。这是一种天然的肥料，这样肥沃的土壤很适合种植大枣、小麦和其他作物。

古代埃及是由国王统治的，他们把国王叫作“法老”。等到他去世后，他的儿子再继任为法老。

法老之下，古埃及人被划分成不同等级。这种等级身份是世袭的，一般来说，父母属于哪个等级，孩子也会是那个等级的。只有很少一部分人可以改变身份，提升到更高等级。

等级最高的人被称为祭司，但是，他们和今天教堂里的牧师或神父不一样，因为那时还没有教堂。这些祭司制定宗教教义和规章制度，每个人都必须遵从，就像现在人人都要遵守国家法律一样。

但这些人不只拥有“祭祀”这一种身份，他们同时还是医生、律师和工程师。他们是受教育程度最高的等级，只有他们会读、会写。

祭司下面第二高的等级就是士兵，再往下就是下等阶层——农民、牧羊人、店主、商人、手工艺人。等级最低的是猪倌。

古埃及人的谜语

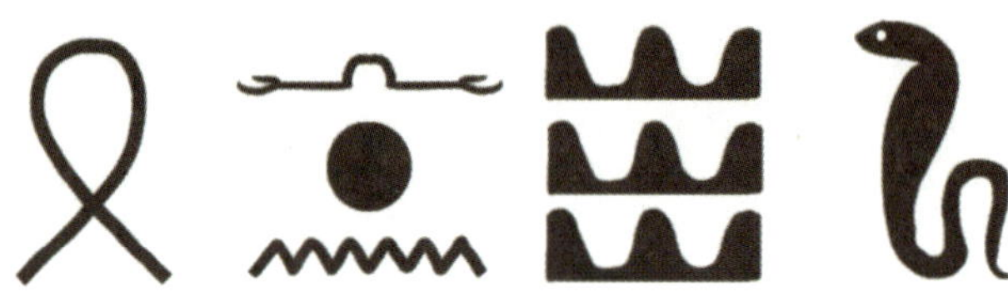

古埃及象形文字

在那个时代，会读、会写不是一件容易的事情，你应该可以猜到学会古埃及的文字是多么难。

埃及是最早使用文字的地区之一。然而，那个时候他们的文字并不像我们现在的字母，而是看起来像小图画一样的符号——狮子、长矛、鸟、鞭子等。这种图画似的文字被称为象形文字。

通常，为了加以区分，国王或王后的名字外围会画着一圈线，看起来显得更醒目。就像我们给画装裱，让它挂在墙上更好看。

纸在那个时候还没有出现，所以埃及人就把字写在一种叫纸莎草植物的茎秆上，他们不断按压纸莎草厚实的茎秆，直到它们变得像纸一样又平又薄。他们将芦苇秆一端做成笔，将烟灰和水和在一起当墨水。

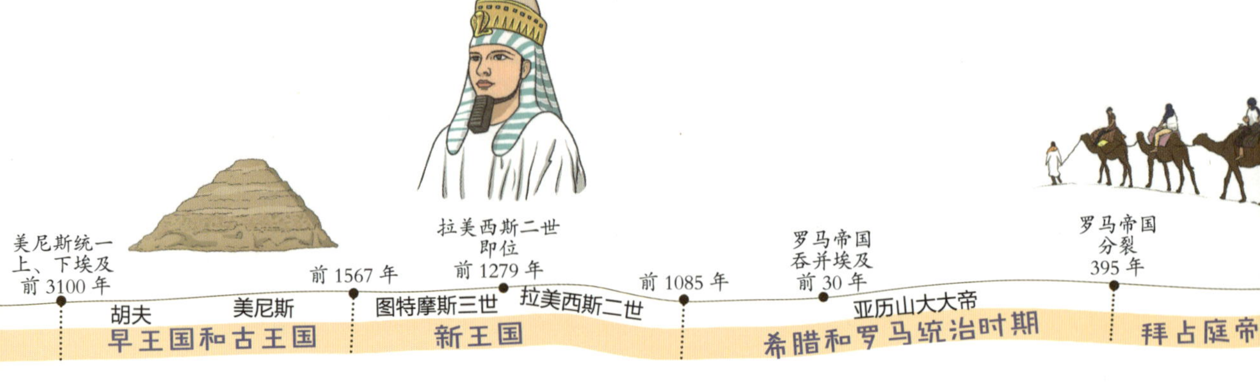

因此，他们的书就是将长长的一张张纸莎草片粘在一起而做成的，把它们卷起来就成了所谓的卷轴，有点像一卷墙纸，展开就可以读。后来，那些能写、会读象形文字的古埃及人渐渐地离开了人世，在很长一段时间里，再也没有人能读懂这种象形文字了。

但后来由于巧合，一天，一些士兵在罗塞塔附近挖出了一些石头，有点像墓碑，上面刻了3种文字。最上面的文字是象形文字，但没人知道它的意思，下面还刻着希腊文，它的内容据推测和上面象形文字一样，而那时已经有很多人能读懂希腊语。因此，要想读懂这段象形文字，所要做的就是比较这两种文字。

但是解开这个谜题并没有那么简单，一个聪明人花了几乎20年才解开它，这个时间实在是太漫长了。不过，解谜的"钥匙"找到后，人们就可以读懂埃及所有的象形文字了，从而就能了解以前的历史。

这些石块被称为罗塞塔碑，现在在伦敦的大英博物馆里陈列着。如果不是因为它，那些历史将会被永远封存。

法老的金字塔

古埃及人不像我们现在这样信仰宗教，他们信仰的神成百上千，男神、女神都有。他们认为每种事物都有一个特殊的神来支配和掌管——农神、家神等。

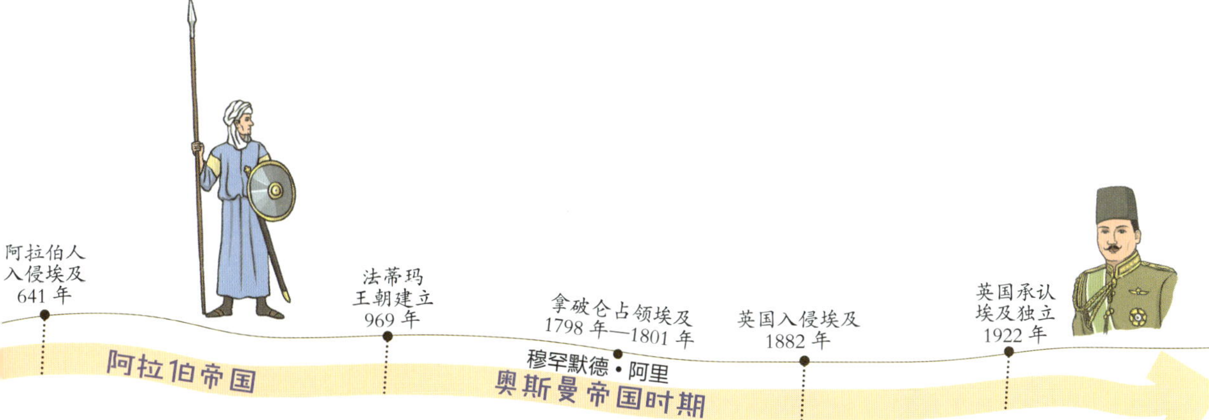

木乃伊

神秘的木乃伊

埃及人死后，他的亲朋好友会把他的尸体保存好，希望尸体在审判日到来之前不会腐烂，好让灵魂到时有个归属。所以，他们将死者的尸体浸泡在一种叫“泡碱”的矿物质里，然后用绷带一样的布把尸体一圈又一圈地包裹起来。用这种方法处理过的尸体就是“木乃伊”，几千年后人们还可以博物馆看到这些埃及人的木乃伊。一开始，只有法老和上等阶级的重要人物才被做成木乃伊，后来，各个等级的人也慢慢享受到这样的待遇，甚至那些神圣的动物，从甲虫到母牛也都被制成了木乃伊，也许只有最低等级的人除外吧。

欧西里斯是他们的主神，既是农业神又是冥神。有些神是善的，有些神是恶的，但是古埃及人会向所有的神祈祷。

古埃及人相信人死后，灵魂仍然在死者身边停留，所以一旦有人死去，他们就把他日常用的各种东西全都和他一起放进坟墓里——吃的、喝的、家具、碗碟、玩具、游戏用品，等等。他们认为灵魂在最后的审判日那一天，还会回到身体里去。

当一个埃及人死后，他的朋友会将石头堆放在他的尸体上，只是为了把尸体体面地掩盖起来，以免被偷或被动物吃掉。可是，法老或富人就希望自己的石头堆能比普通人的更大。为了确保这一点，法老在生前就开始建造，为自己死后的埋葬做准备。每一位法老都设法把自己的石堆造得比别人的大，这样到最后石头堆大得就像石头山，这就是我们现在看到的“金字塔”。

因此，金字塔就是法老的陵墓，法老生前就开始建造，死后作为自己纪念性的建筑。实际上，比起修建宫殿，法老更热衷于给自己死后修筑坟墓。

金字塔

今天人们建造房屋，需要起重机、吊车和发动机来拖运、起吊巨大的石头和大梁。可是，古埃及人并没有这样的机械，他们修建金字塔时，只能全靠众人一起推和拉。

在开罗附近，有3座最大的金字塔，其中最大的一座，是由一位叫胡夫的法老建造的。那时大约是公元前2900年。相传当时动用了10万多人，花了20多年才建成。这座金字塔是世界上最大的建筑物之一，其中的一些石块，一块的体积就有一座小房子那么大。现在来看，那时的劳动人民可真是了不起啊！

在胡夫金字塔的旁边，伫立着一座巨大的狮身人面像，叫斯芬克斯，是用一整块石头雕刻而成的。斯芬克斯的头像是按法老哈夫拉的样子雕成的，他的金字塔就在胡夫金字塔附近。沙漠里的风沙侵蚀了雕像的爪子和大半个身体。虽然人们不时地将沙子清走，但每当刮起大风，雕像还是很快就被风沙掩埋。

古埃及人还用岩石来雕刻男男女女的雕像。这些雕像通常比正常人大上好多倍。他们喜欢用鲜艳的色彩画画来装饰金字塔、庙宇。如果他们想要在画中突出法老，就会把他画得比其他人都要大，让你一眼就能看到。

狮身人面像

古埃及壁画

古巴比伦

两河流域的文明古国

The Ancient Babylon

区位 | 亚洲 · 两河流域　时间 | 公元前 3500 年左右

你可能经常在神话故事中读到这样一个地方：那儿的树上长着蛋糕、甜品和糖果，你想要的任何东西只要伸手就可以从树上摘到。很久以前，人们认为，真有这样一个国家，你知道他们说的是哪个吗？是靠近底格里斯河和幼发拉底河的某个地方，那里被人们称为“伊甸园”。

两河流域主要农作物小麦

埃及这块陆地只有一条河流，那就是尼罗河。而两河流域则分出许多块陆地。

我们来看看底格里斯河上游的那块陆地，它叫亚述。

两条河流交汇处附近的那块陆地，叫巴比伦。

两条河流入海口处的那块陆地，它叫迦勒底。

富裕的巴比伦

巴比伦是个富裕的国家，底格里斯河和幼发拉底河给它带来了大量肥沃的泥土，就像尼罗河带给埃及的那样。我们用来做面包的小麦被称作“生活主粮”，据推测小麦最早生长在巴比伦。巴比伦也盛产椰枣，你可能认为，椰枣相当于蜜饯那样的零食，可是在巴比伦，它可是像现在燕麦片一样重要的粮食。两河流域也盛产肥鱼，但是捕鱼只是休闲娱乐，由此可见，当时巴比伦人的食物是多么的丰富。那时候还没有钱币，所以，谁养的家畜多谁就是富人。

在巴比伦，人们造了一座宏伟的塔，叫“巴别塔”。与其说它是一座塔，不如说它像一座山。有些人说，之所以建巴别塔这类高塔是为了在发洪水的时候，人们可以爬到一个高的地方。另一些人则提出了不同的看法，他们认为，建造高塔的人是从遥远的北方山区来到巴比伦的，当他们迁移到像美索不达米亚和巴比伦这样的平原地带，看不到山的时候，为了能有一个可以放置祭坛的高地，他们就建起了一座座“山”。

古埃及人将他们的历史写在纸草上或刻在石头上，但是巴比伦人既没有纸草，也没有石头，他们只有一块块砖。所以，他们在砖还没被晒干的时候就在软泥上面刻下符号。这种符号叫“楔形文字”，之所以叫楔形文字，因为它们是楔子形状，一个个符号排列在一起就像泥巴上的鸡爪印。

巴比伦人除了日夜看护着自己畜群外，天空中的太阳、月亮和星星的变化运动也引起了他们的关注，渐渐地，他们逐渐对这些天体了解得越来越多。

你在白天看到过月亮吗？

每隔一段时间，月亮在天空中运行恰好到了太阳的前面，遮住了阳光——可能是上午10点，大白天，突然，太阳被月亮遮住了，白天变成了黑夜，群星闪耀，鸡以为天黑了，都进了窝。可是，片刻之后，月亮一移开，太阳又光芒四射了，这种现象叫“日食”。

也许你还没见过日食，但如果你见到了，可千万不要惊慌失

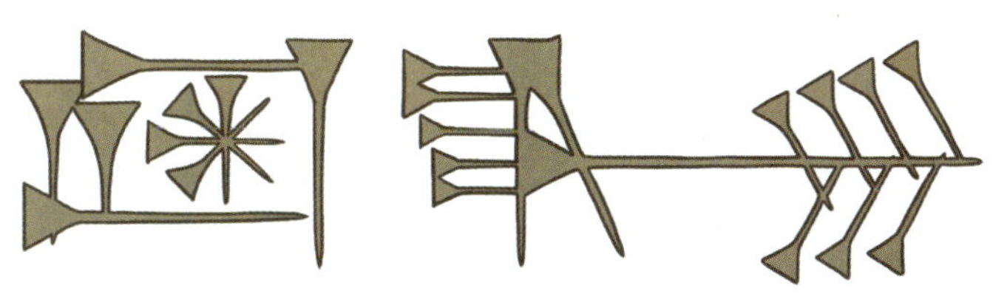
楔形文字

古巴比伦巴别塔

措——以为可怕的事情就要发生，就像世界末日要降临一样。

要知道，大约在基督诞生前2300年，也就是公元前2300年左右，巴比伦人就能够预测日食发生的时间。他们观察月亮在天空中的运行，推算出再过多少天月亮会赶上太阳，遮住太阳。所以说，巴比伦人是了不起的天文学家。

巴比伦的国王们

巴比伦第一任国王是萨尔贡，他大约生活在埃及人建造金字塔的那个时代。但我们对他了解甚少。

在公元前1700年左右，巴比伦有一位国王因制定了一部法典而远近闻名。他叫汉谟拉比，他制定的《汉谟拉比法典》仍然保存至今。

《汉谟拉比法典》

我们前面说过底格里斯河上游的地方叫亚述，住在尼尼微的亚述国王们贪图更多的土地和更大的权力，因此，他们不断地征讨邻国，夺取他们的土地。终于，尼尼微城的两个邻国再也无法忍受亚述的暴政了，它们分别是南边的巴比伦和东边的米底。巴比伦国王和米底人联合起来攻打尼尼微，尼尼微被打败了，彻底从地球上消失了。

巴比伦国王击败尼尼微后，也没有就此停止。他继续征服左右邻近的国家，直到巴比伦城接替尼尼微，成为其他国家的领导者和统治者。在这位巴比伦国王死后，他把庞大的王国留给了自己的儿子——尼布甲尼撒。

美丽的空中花园

尼布甲尼撒继位后，把巴比伦建成了当时世界上最大、最宏伟、最美丽的城市。他将城市建成四方形，四面环墙，墙高足有人身高的50倍！城墙也很宽，可以容下战车在上面行驶。在城墙上，还建了一扇黄铜大门。幼发拉底河从城墙下流过，从另一边的城墙流出。

尼布甲尼撒觉得巴比伦的女人都不够美，不够资格做自己的王后。巴比伦的女人们对此肯定感到难过——甚至——气得发疯。他去了米底——那个曾帮助他父亲征服了尼尼微的国家。在那儿他找到了一位漂亮的公主，并娶她为妻，并把她带回了巴比伦。

当时的米底是个群山之国，而巴比伦却在平原上，甚至连一座小山也看不到。尼布甲尼撒的王后感到很无趣，甚至得了思乡病，向往自己家乡那山峦起伏的天然景色。为了让她开心起来，使她甘愿留在巴比伦，尼布甲尼撒用尽心思为她“造了”一座“小山”，奇怪的是，他把这座小山建在自己王宫的屋顶上了！山坡上他还建了一些美丽的花园，里面不仅栽花还种树，这样他的王后就可以坐在树荫下享受美景了。这个花园你肯定听过，叫作“空中花园”。

巴比伦的空中花园和巨大的城墙是举世闻名的世界七大奇迹之一。

你想知道其他几大奇迹是什么吗？

埃及的金字塔是一个，矗立在奥林匹亚的宏伟的宙斯神像是另一个，再加上空中花园就是 3 个了。

宴会上的突袭

渐渐地，巴比伦不仅成为世界上最宏伟的城市，也成了“最邪恶”的地方。巴比伦城的居民纵情享受，他们每天似乎只想着“吃好、喝好、享受”，从不为明天打算；生活越堕落，他们越开心。

所以，尽管有着巨大的城墙和黄铜做的城门，巴比伦还是灭亡了。猜猜看，是谁来攻占了它呢？

是居鲁士。他是一个伟大的波斯国王，在他征服了米底之后，并没有就此满足，之后他又进攻了巴比伦，似乎每个有野心的国王都是这样。

空中花园

可是，当时的巴比伦人只忙着享乐，整天大吃大喝，纵情享受。他们为什么要担心居鲁士？他们的城墙那么高、那么厚，还有那么坚固的黄铜大门保护着，他们觉得没有人能攻占这座城市。

不过，你们还记得吧，幼发拉底河从城墙下流过，正好穿过巴比伦城。一天夜里，趁着巴比伦年轻的王子伯沙撒又在举办宴会，尽情玩乐。居鲁士派人筑起一个水坝，把河水引向另一边。然后，他的军队沿着已干涸的河床进入了巴比伦城，轻而易举地就占领了巴比伦。据说，一些巴比伦的祭司做了居鲁士的内应，甚至还为他的军队打开了城门，因为他们对巴比伦的堕落早已心生不满。

这场遭到突袭的宴会发生在公元前538年——5加3等于8，这样你应该就能记住了吧？

今天，我们再回过头来看看巴比伦，这座伟大的城市——那个邪恶的巴比伦，那个辉煌的巴比伦，那个有着巨大城墙和黄铜城门，以及空中花园的巴比伦——仅存一堆黄土，真是让人唏嘘不已。

古希腊神话 诸神的时代

Ancient Greek mythology

区位｜欧洲 · 希腊　时间｜公元前 8 世纪

差不多是人类刚开始用铁器来代替青铜器的时候，也就是公元前 1300 年左右，我们最早开始听说有关希腊和希腊人的事迹。

希腊人信仰的神很多，而不像西方人那样只信仰一个上帝。他们信仰的神灵与普通人十分相似。他们为不同的神修建了很多精美的雕像，还为他们写了很多诗歌和故事。

性格迥异的十二主神

希腊人信仰的主神有 12 个——正好“一打”，其中有 6 个是女神。希腊人认为他们住在希腊最高的奥林匹斯山上，这些神并不总是和善的，他们也会

古希腊神话
首次奥林匹克运动会召开 前 776 年
希波战争
伯罗奔尼撒战争
亚历山大大帝去世 前 323 年
君士坦丁大帝
罗马吞并希腊 前 146 年
罗马帝国分裂 395 年
希腊独立战争

古希腊时期　罗马统治时期　奥斯曼帝国时期

经常争吵，互相欺骗，甚至还做出更坏的事。众神吃的食物可比我们吃的要美味得多，他们喝的是仙酒，吃的是仙果，希腊人认为正是这些仙酒、仙果得以永生，也就是我们所说的长生不老。

这些神一般都有两个名字，一个是希腊神话中的名字，另一个是罗马神话中的称呼。我们下面就按顺序来说说他们。

宙斯，也叫朱庇特，他是众神之父，也是统治全人类的王。他坐在宝座上，手持一道弯弯曲曲的闪电，叫“霹雳”，一只雄鹰总在他身旁，那是鸟中之王。

赫拉，也叫朱诺，是宙斯的妻子，也是天后。她手持权杖，爱鸟孔雀经常围绕在她的周围。

赫拉

波塞冬，也叫涅普顿，是宙斯的一个兄弟。他是掌管大海的海神。他驾着一辆由海马拉的战车，手持三叉戟。他既能在海上掀起狂风巨浪，但只要用三叉戟一挥击打巨浪，又能使风浪平息。

赫菲斯托斯，也叫伍尔坎，是火神。他是个瘸腿的铁匠，在打铁炉边工作。相传他的铁匠铺是在一个山洞里，因此，每当火山喷发时，人们都说是因为火神在山里面。

阿波罗是宙斯的儿子，是男神中最俊美的一个，希腊人和罗马人都称他阿波罗。他是太阳神，也是歌曲和音乐之神。每天早晨，他驾着太阳战车从东向西穿过天空，带给人们明媚的阳光。

阿尔忒弥斯，也叫狄安娜，是阿波罗的孪生妹妹，她是月亮女神，也是狩猎女神。

阿瑞斯，也叫玛尔斯，是可怕的战神，他只有在发生战争的时候才会觉得开心——所以他大多数时候应该都是快乐的（因为那个时候经常有战争发生）。

赫耳墨斯，也叫墨丘利，是众神的“调解员”。他的头盔和鞋子上有翅膀，手上拿着一根带飞翼的神奇木杖。如果在两个争吵的人当中挥动这根魔棒，就会让他们立即言归于好。有一天，赫耳墨斯看到两条蛇在争斗，就把魔杖往它

【意】波提切利《维纳斯的诞生》

们中间一放，它们就好像恋人拥抱在一起，把魔杖也围绕住了。从此以后，这两条蛇就盘绕在他的魔杖上。这根魔杖叫“双蛇杖”。

雅典娜，也叫密涅瓦，是智慧女神，她的出生方式非常奇特。有一天，宙斯头痛到无法忍受，于是，他想了个奇怪的办法来止痛。他叫来火神赫菲斯托斯，让他用锤子砸自己的头。结果，全身披挂盔甲的雅典娜跳了出来，因她而起的头痛也随之消失了。她就这样从宙斯的头脑中诞生出来了，这就是为什么说雅典娜是智慧女神。她在希腊建了一座伟大的城市，用自己的名字命名为雅典，据说她一直都用心守护着这座城市，像母亲对待自己的孩子一样。

阿佛罗狄忒，是爱与美的女神，就是我们常说的维纳斯。她是女神中最美丽的。据说她诞生于大海泡沫中。她的儿子丘比特，是个胖乎乎的小男孩，背着一个箭袋。他四处走动把人眼看不见的心形箭射穿人的心，但是被射中的人并不会死去，而是会立刻爱上某个人。

赫斯提亚，也叫维斯塔，是家庭之神，也是女灶神，她守护着家庭。

得墨忒尔，也叫克瑞斯，是农事女神。

这些就是希腊人常说的十二位主神。

除了这些，还有很多相对而言不那么重要的神和一些有着人类血统的半神，比如命运三女神、美惠三女神，和九位掌管艺术的缪斯女神等。

如今，天空中一些行星至今还是用这些神的名字来命名的。朱庇特（木星）就是最大的行星的名字。玛尔斯（火星）是那颗有点红色的行星的名字。维纳斯（金星）是一颗非常美丽的行星的名字。此外还有墨丘利（水星）、涅普顿（海王星）和普路托（冥王星）。

信奉神明的希腊人

希腊人对神的祈祷方式和我们的不一样。他们不像我们那样双膝跪地，闭上双眼，而是身体直立，双臂向前展开。他们也不祈求神宽恕自己的罪过，也不祈求让自己的生活更好，大多数时候都是祈求自己能战胜敌人或不受伤害。

他们在祈祷的时候，会向神献上祭品，有牲畜、水果、蜂蜜或葡萄酒。他们将酒泼洒在地上，杀死牲畜，在祭坛上架起火来烧烤，这些被杀害的牲畜叫作“牺牲”。

单纯的献祭还不够，他们还要在献祭时，去寻找一些迹象，从中得知神是否满意他们的祭品。比如说飞过头顶的鸟群，一道闪电，或任何一件不寻常的事，他们都会认为是有着特别的含义，这样的迹象叫作“预兆”。如果预兆很吉利，则表明神会满足他们的请求；如果出现一些不好的事情，比如你一不小心把盐撒了，就是个坏兆头，代表不吉利。

每当希腊人无措的时候，或者想预测未来的时候，他们就会来寻求神谕的帮助，并且对神谕的指示坚信不疑。不过，神谕的答案通常也会模糊不清，可以有多种理解。比如，两个国王要开战，其中一个去问神谕谁会赢，神谕说“一个伟大的王国将会灭亡”。你说，这样的回答是什么意思？你要怎么去理解？

德尔菲神谕

离雅典不远有座帕纳塞斯山，山边有个城市叫德尔菲。德尔菲城里地上有道裂缝会不停地冒出气体，就像火山喷发时的那样。希腊人认为这种气体就是阿波罗神的呼吸。在裂缝上方一个 3 条腿的凳子上，坐着一个女祭司，正呼吸这种气体。当人们向她请教问题时，她会嘟哝着说一些奇怪的事情，显得神神叨叨的，然后再由一位祭司告诉人们她说的是什么意思。人们会不远万里地来到这里，请求神谕回答，他们认为那是来自阿波罗的回答。

特洛伊战争

一个苹果引发的战争

Trojan war

区位 欧洲 · 希腊　时间 公元前 12 世纪

谁是“最美女神”

一个国家的历史通常以战争开始，也以战争结束。希腊历史上发生的第一件大事就是一场战争——特洛伊战争，据推测这场战争大约发生在公元前1200 年，我们不仅无法知道战争的确切时间，就连是否真的发生过这场战争也不能确定，因为关于这场战争的很多事情，我们也只是从神话故事里知道个大概。据说：

有一次，奥林匹斯山上正在举行宴会，众神都在场，突然一位没有被邀请的女神，往桌子上扔了一个金苹果，金苹果上写着这样几个字——“送给最美丽的女神。”

扔这个苹果的是纷争女神。后来的事实证明，她确实引发了一场纷争。和人类一样，女神也是会爱慕虚荣的，她们都不甘示弱，认为自己是最美的女神。最后，她们叫来一个叫帕里斯的牧童，让他判定谁是最美的。

每一个女神都向帕里斯许诺，如果他选中自己，就会给他一件礼物。天后赫拉，许诺让他成为一个国王；智慧女神雅典娜，许诺让他成为智者；而美丽女神阿芙洛狄忒，承诺让他娶到世界上最美丽的女人。

其实，帕里斯并不是个牧童，而是特洛伊城国王普里阿摩斯的儿子，特洛伊就在希腊对面的海岸上。当帕里斯还是婴儿的时候，他被丢弃在一座山上，幸好被一个牧羊人发现了，把他带回家；当作自己的孩子抚养长大。

帕里斯对成为智者不感兴趣；也不想做国王；他就是想要世界上最美的女人做他的妻子，于是他就把苹果给了阿芙洛狄忒。

木马计

当时，世界上最美的女人是斯巴达的王后——海伦。尽管如此，阿芙洛狄忒还是叫帕里斯去希腊的斯巴达城，告诉他在那里可以找到海伦，然后带着她私奔。于是，帕里斯就去斯巴达拜见了国王梅内莱厄斯，国王以皇家礼节热情

【意】小提埃波罗《拖拽木马入城》

地招待了他。虽然帕里斯受到了如此盛情的款待，还获得了国王的信任，可是一天夜里，他还是偷偷地带走了海伦，和她一起坐船回到了特洛伊。

国王梅内莱厄斯和所有希腊人十分生气，他们立即准备发动战争，向特洛伊进军夺回海伦。

那个时候，所有的城市外面都是坚固高大的城墙，以防御外敌。没有大炮、枪械，想要攻占一座城市是很艰难的。希腊人打了十年仗想要去攻占它，但是特洛伊仍然没有失守。

最后，希腊人想了一个特别的办法。他们造了一个巨大的木马，在木马里面藏了很多士兵。他们将木马丢弃在特洛伊城墙外，就乘船离开，假装停战。

随后，希腊人安排的奸细告诉特洛伊人，这个木马是神的礼物，他们应该把它弄进城里。但是，特洛伊的一个叫拉奥孔的祭司怀疑这是个奸计，阻止大家不要动这个木马。可是没有人愿意听他的劝阻。

特洛伊遗址

就在那时，几条巨蟒从海里冒出来，冲向拉奥孔和他两个儿子，把他们活活勒死了。特洛伊人认为这是神灵的警示。于是，他们不听拉奥孔的规劝把木马弄进城。但是，木马太大，从城门根本进不去。为此，他们还拆掉了一部分城墙。夜色降临了，希腊士兵钻出木马，打开了城门。一直隐藏在城外的希腊士兵也立即返回，攻下了特洛伊，整座城市也被焚为平地，海伦被丈夫接回了希腊。

因为这个“木马计”，现在还有句谚语“提防带着礼物的希腊人”，意思就是，要警惕给你送礼的敌人。

荷马

远古的伟大诗人

特洛伊战争的故事被写成两首很长的叙事诗。人们认为这两首诗是目前为止最优美的诗歌。其中一首诗叫作《伊利亚特》，描述的就是特洛伊战争。另一首叫《奥德赛》，描述的是一位叫奥德修斯的希腊英雄，在战争结束后回家途中的冒险经历。

这两部史诗是由一位名叫荷马的希腊诗人创作的。

荷马是一个吟游诗人。什么叫吟游诗人呢？就是到处流浪，把他的诗歌唱给人们听的说唱诗人，通常在唱歌时，还用里拉琴伴奏，听的人会给他提供暂时的食宿作为回报。

荷马是一位盲人，因此他没有把诗歌记录下来。但人们喜欢听荷马的诗歌，逐渐地就记住了他唱的内容。荷马死后，妈妈们就把这些诗歌教给小孩子。后来，这些诗用希腊语记载成书，流传至今。

尽管人们都很喜欢荷马的诗歌，可荷马还是穷困潦倒，几乎难以维持生计。最让人感到讽刺的是，在荷马死后，有七个城市分别骄傲地宣布，荷马出生于他们的城市。可真正的事实是什么，现在的我们也就不得而知了。

腓尼基人 是谁发明的 A、B、C

The phoenicians

区位 亚洲 · 地中海东岸　时间 公元前 10 世纪

最早的 A、B、C

在很早很早以前，文字的书写方式还很原始。埃及人写字就如同画画，巴比伦人写的字更是像鸡爪。

你可能从未听说过腓尼基或腓尼基人，但是如果历史上没有腓尼基这个国家，你现在可能还在学习用象形文字或楔形文字来读书写字，是腓尼基人发明的字母表有 22 个字母，由此演变成了我们今天使用的字母表。

卡德摩斯的奴隶和那块木片

据说，在人类学会写字之前，有个名叫卡德摩斯的木匠。一天，他正在造房子，忽然想起有件工具忘在家里了。他拿起一块木片，在上面写了几笔，然后把木片递给他的奴隶，要他回去交给女主人，说她看到木片就知道自己要的是什么。奴隶感到纳闷，但还是照他的话去做了。卡德摩斯的妻子看了看木片，什么也没说就把工具递给了他。奴隶感到十分惊异，他认为这是一块神奇的木片。所以，当他回去把工具交给卡德摩斯的时候，乞求主人把这块神奇的木片赐给他。得到允许之后，他就把它挂在脖子上当作护身符。

这是希腊人所说的故事。不过，卡德摩斯可能只是个虚构的人物，因为希腊人喜欢编撰这类故事，就像希腊神话那样的。我们认为字母不是由“一个人”发明的。不过，卡德摩斯是腓尼基人，而我们知道，的确是腓尼基人发明了早期的字母表，为我们今天使用的字母表打下了基础。我们读字母表发音很简单，就是 A、B、C……但是希腊人的读法就难多了。他们把 A 读作“阿尔法”，B 读作“贝它”，等等。所以，希腊孩子的学习是从“阿尔法”和“贝它”开始的，这也是为什么我们把“字母表”叫作“alphabet”的原因。

虽然，我们使用的字母和腓尼基人的并不一样，但是，他们的一些字母和 3000 年后的我们使用的字母还是有点相似的。例如：

A 是侧着写——ᗉ

E 是反着写——Ǝ

Z 和我们的一样——Z

O 和我们的一样——O

说说腓尼基人

腓尼基人和犹太人相邻，也是闪米特人。他们的国家刚好位于犹太王国的北边，在地图上，它在地中海沿岸。但腓尼基人并不信仰犹太人的上帝。

腓尼基人崇拜的神有巴力神和莫洛克神，这两个神分别是太阳神和火神。他们还信仰名叫阿施塔特的月亮女神，还在她的雕像前，拿小孩子向她献祭。假如你是生活在那个时代的孩子，会不会感到害怕呢？

了不起的商人

腓尼基人是非常了不起的商人，他们制作了各种各样的东西来卖，比如象牙雕刻品、精雕细刻的金银饰品、晶莹剔透的玻璃制品等。他们还会织毛纺布和亚麻布，最有名的就是染色布料和染色长袍了。

他们掌握了制作一种鲜亮的紫色染料的秘诀，它是从一种小牡蛎身体里提取的，这种贝类生活在提尔城附近的水域里，因此这种紫色染料取名为提尔紫，提尔紫十分鲜艳、亮丽，以至于国王们的长袍都染成提尔紫。

那时，提尔和西顿是腓尼基的两座主要城市，也曾经是世界上最繁忙的两座城市。

为了打开销路，腓尼基人驾船走遍了地中海，甚至还进入了大西洋。这个出海口现在叫直布罗陀海峡。他们的足迹甚至远至大不列颠群岛和非洲海岸，而当时的很多人可不敢驾船航行那么远。

他们一旦找到适合停泊的港口，就开始在那里建立起一座小城市，以便和当地人做生意。他们善于讨价还价，用成本很低的紫色布匹换来真金、白银或其他贵重物品。在北非沿岸，他们也兴建了一些城市，其中有一个叫迦太基。

所以说，腓尼基人是那个时代最伟大的航海家和商人。

但是，在某一点上，腓尼基人目光却很短浅。他们砍倒所有挺拔的雪松树去造船，直到一棵也不剩，结果，再也没有这种坚实的木头——也就，没有船了。如果放在现在社会，这样目光短浅，还能把生意做得长远吗？

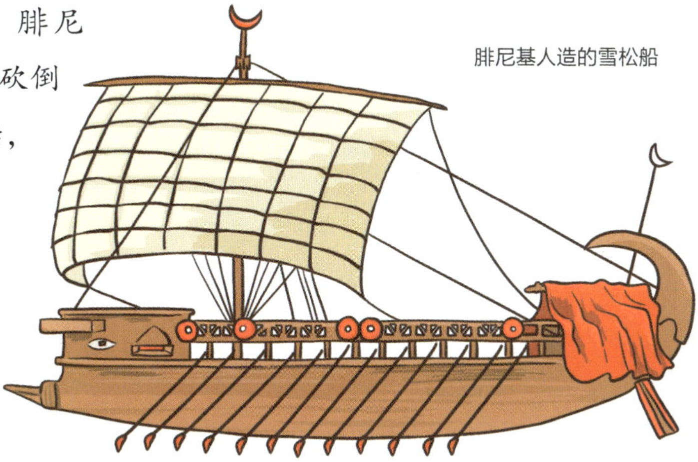

腓尼基人造的雪松船

斯巴达人 如钢铁般坚硬

The spartans

区位 | 欧洲 · 希腊 时间 | 公元前 11 世纪

莱克格斯

希腊有个城市叫斯巴达，还记得我们前面说过的特洛伊战争吧？里面那个最美的女人海伦就生活在那里。

大约在耶稣诞生前 900 年，斯巴达有个男人叫莱克格斯。他是一个很刚强的人，他的心愿就是让斯巴达成为世界上最强大的城市。

但是首先，他得弄清楚怎样才能让一个城市和一个民族变得强大起来。

为此，他出外游历了很多很多年，几乎走遍了世界上所有的大城市，想要明白这些城市为什么这么强大。结果，他发现：

无论哪个地方，如果人们天天想的是寻欢作乐，贪图享受——那么，那里的人就没有大的作为——当然就不会强大。

若是那个地方的人们首先想的是努力工作，无论开心与否，都做着自己该做的事，那么那里的人就会积极进取——当然也会变得强大起来。

后来，莱克格斯回到家乡斯巴达，着手制定一系列的规则，他认为按照这些规则生活就能变得比世界上别的民族都强大。这些规则叫“法典”，这些规则都非常苛刻，但确实让斯巴达人变得非常强大——“像铁钉一样坚硬”。

年轻的斯巴达人

斯巴达“军事训练”

斯巴达人的训练从婴儿开始。首先，婴儿刚刚出生，就要接受检查，看他们是否强壮、健全。只要发现哪个婴儿达不到这个要求，就会被遗弃在山坡上，任其自生自灭。因为莱克格斯希望斯巴达没有一个体质孱弱者。

男孩们长到7岁，就要离开他们的母亲到学校学习和生活。说是学校，其实更像是军营。男孩子从那时开始，他们就要一直住在学校里直到60岁。

在学校里，他们只学习如何被训练成为优秀的士兵。

学校里没有课本。

没有语文课本。

没有数学课本。

斯巴达勇士

没有地理课本。当时人们对世界了解甚少，还不能写出一本地理书。

没有历史课本。世界上先前发生的事情没有人知道多少。

有些时候，斯巴达的男孩还要接受一顿鞭打，不是因为他做错了什么，只是要教会他在吃苦时不能哭。不管他伤得有多重，如果他哭了，就会被瞧不起，永远抬不起头来。

他们每天不断地训练、劳作直到快坚持不住。然而，不管有多么累、多么饿、多么困、身体有多么痛，他们都要坚持下去，而且绝不能表现出一点痛苦的样子。

他们吃的是最差的食物，要被迫长时间地忍受饥渴，在极其寒冷的天气里，穿很少的衣服到户外。这样做，就是为了让他们习惯这样的困苦，能够忍受各种各样的艰难。因此现在把类似这样的训练，叫作“斯巴达式的训练”。

尽管斯巴达人的食物、衣服、住所都是由国家提供的，但这些都是很简陋的。他们不允许吃可口的食物，睡柔软的床或穿精美的衣服。

毫无畏惧的斯巴达人

曾经有个国王给斯巴达人写了封恐吓信，要求他们最好按照他说的去做，如果不服从，他就来攻打斯巴达，毁掉他们的城市，使他们都沦为奴隶。斯巴达人让信使送去了回信，国王打开一看，信上只简短地写着：“如果你敢！”即使今天，我们还把这类简短、扼要的回答叫作“拉哥尼亚式回答”，取名自斯巴达所在的拉哥尼亚。

他们认为这些“奢侈品”会让人变得软弱、无能，而莱克格斯希望他的人民变得强硬、健壮。

斯巴达人甚至要求说话要简短直接，不能说废话，学会用尽可能少的词语来表达中心思想。这种说话方式叫作“拉哥尼亚式”，即“言简意赅”的意思。

经过这些刻苦的训练和辛勤劳作，莱克格斯确实让斯巴达人变成了这个世界上最强壮、最优秀的战士——他们征服了周围地区所有的民族，尽管这些民族的人口是他们的 10 倍。

心善的斯巴达人

在斯巴达的北边是希腊的另一个大城市——雅典。雅典人的生活和想法与斯巴达人有天壤之别——雅典人喜欢一切美的东西。

雅典人和斯巴达人一样热爱各种体育运动，但是他们还喜欢音乐、诗歌，以及美丽的雕刻、油画、花瓶、建筑等所有这类被称为艺术的东西。他们认为培养思维能力和锻炼身体一样重要，而斯巴达人却认为锻炼身体才是最重要的。

可是看起来铁石心肠的斯巴达人也有着另外一面。相传，有一次，一场盛大的赛事正在进行，一个老人在雅典人那边找座位，已经没有空位子了，但是也没有一个雅典人给他让座。就在这时，斯巴达人那边喊老人过去，给了他最好的座位。雅典人为斯巴达人的高尚举动欢呼起来。对此，斯巴达人说：“雅典人明明知道什么是对的，但是他们却不去做，真是奇怪。”

奥林匹克 赠你树叶桂冠

The Olympic

区位 欧洲 · 希腊　时间 公元前 776 年

古希腊的全民盛会

希腊的男孩子、小伙子甚至女孩子都喜爱各种户外运动。

那时候还没有足球、棒球和篮球，但他们跑步、跳高、摔跤、拳击，还有掷铁饼——铁饼就像一个又大又重的铁盘子。

在希腊各地，经常会举行比赛，看谁在这些运动项目上最厉害。

但是，最大的体育盛会在希腊南部一个叫奥林匹亚的地方举行，每 4 年才举行一次，来自全国各地的优秀选手都云集于此，同台竞技，从中决出全希腊的冠军。

比赛举办的那段时间就是当时希腊最盛大的节日，因为这些比赛是以希腊神话中众神之王——宙斯的名义举办的。人们从四面八方赶来观看比赛，就像现在人们

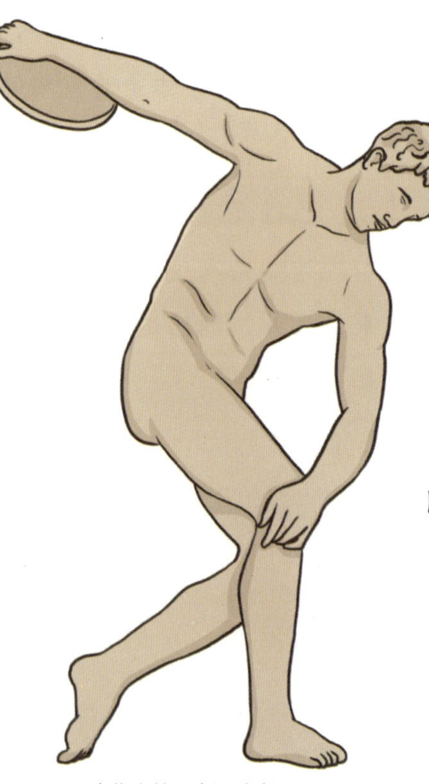

古代奥林匹克运动会

前去观看世界杯或奥运会一样。

当时这个比赛只有希腊人才能参加竞赛，而且参赛者不能有任何犯罪或违法记录——就像如今的孩子，只有品学优良才能加入校队一样。古希腊时，只有男人和男孩子才能参加奥林匹克运动会。

那时候打仗是常有的事，如果这时碰巧有战争发生，为了这个重要的节日，双方会宣布休战，每个人都会离开战场去观看比赛。绝不允许任何事情干扰比赛，“先办正事！”比赛结束后，他们再继续开战。

为了参加这场重大比赛，希腊的小伙子要进行长达 4 年的训练才能做好准备，运动会正式开始前的 9 个月，他们还要到奥林匹亚比赛场地附近的露天体育场再进行训练。

运动会持续 5 天，开幕和闭幕时都要举行游行、祈祷，并向会场四周希腊众神的精美雕像献祭，因为这不仅是一场运动会，还是纪念宙斯和其他众神的宗教仪式。

比赛有各种各样的项目——赛跑、跳跃、摔跤、拳击、战车赛和掷铁饼。

任何人在比赛中作弊都会被淘汰出局，而且永远禁止参加比赛。希腊人信奉我们现在所说的公平竞赛的体育精神。赢了，不自夸；输了，也不找借口，更不会大声嚷嚷说判决不公。

在一项或多项比赛中夺冠的运动员是全希腊的英雄，尤其会成为他代表的那个城市的英雄。获胜者没有奖金，但是人们会把月桂树叶编成的花环戴在他头上。在当时，这个桂冠可比今天的金牌、银牌更贵重。除了荣获桂冠外，还会有诗人给他写诗，也常有雕塑家给他刻塑像。

比赛桂冠

那时不仅有体育竞赛，还有诗人和音乐家的比赛，看谁的诗歌最优美，谁能创作并演奏出最美妙的音乐。这些比赛的获胜者得到的不是桂冠，但是他们会在胜利的欢呼声中被人群扛在肩上，就像今天你在比赛现场可能见到的那样。

从第一个奥运会到今天

现在，希腊历史上我们能确定无疑的第一个事件是公元前776年奥林匹克运动会上赛跑比赛获胜者的记录。从那次比赛开始，希腊人开始用数字表示他们的历史日期，就像我们从耶稣诞生时起开始公元纪年一样。那一年是希腊纪年的第一年。

每2次奥林匹克运动会之间的那4年被称为奥林匹亚德(即奥林匹克周期)。在此之前，希腊人还没有记录年份或日期的日历，所以公元前776年是第一个奥林匹亚德的起始年。

中间有很长一段时间，希腊人没有再举办比赛了，不过，到了1896年，人们又想重新举办这个比赛。这样2000多年后，现代奥林匹克运动会第一次在1896年举行，不过这次比赛的地点在雅典。和以前不同，现在的比赛每次都在不同的国家举办，全世界几乎所有国家的运动员都被邀请参加，女运动员也都能够参与。但是，以前战争会因为比赛而暂停，而现在如果战争在继续，运动会就要被迫停办。

以我们对斯巴达人的了解，可以猜出，那时的比赛中，他们应该能赢得大多数运动奖项，事实也确实如此。

而现代的奥林匹克运动会上，已经不是斯巴达人的天下了，甚至全希腊人现在也比较难赢得最重要的奖项了，因为希腊现在也只不过是众多国家中的一个小国。

罗马城 与母狼有关的传说

Rome

区位 欧洲 · 意大利 时间 公元前 753 年左右

靴子形状的意大利

你听说过童话中的七里格靴吗？据说，当人们穿上这双靴子，一步可以迈出好几千米呢！

在这个世界上还有一只更大的靴子，有 800 多千米长，就在地中海。

当然，它并不是真正的靴子。如果你坐在飞机上从空中往下看，它看上去就像只靴子，是不是很神奇？

其实，我说的是意大利。

在希腊第一个奥林匹亚德起始年后不久，意大利发生了一件大事。这件事非常重大，以至于人们把那一年称为意大利的第一年。意大利人从这一年开始纪年，持续了 1000 年。

不过，这件大事并不是哪个人诞生了，而是一个城市诞生了，这个城市叫罗马。

意大利的疆域轮廓像只靴子

【法】尼古拉斯·普桑《抢劫萨宾妇女》

“狼孩子”建立了罗马城

和希腊历史一样，罗马历史也是从神话故事开始的。希腊诗人荷马讲述了希腊英雄奥德修斯的流浪故事。很多年以后，罗马维吉尔的诗人讲述了一个名叫埃涅阿斯的特洛伊人的流浪故事。

特洛伊城被烧毁后，埃涅阿斯逃离了那里。经过几年的漂泊，他最后来到了意大利台伯河的河口处。在那儿他遇见了国王的女儿拉维妮娅，他们相爱、结婚，从此以后过上了幸福的生活。后来，他们的孩子成为这片土地的统治者，繁衍子孙，一代又一代。多年后，有一对孪生兄弟出生了，一个名叫罗慕路斯，一个名叫瑞摩斯。故事从这里就开始发现了转折。

在双胞胎出生的时候，他们世袭的王位被人夺走了，这个人担心两个孩子长大后会来复仇，于是，他把双胞胎放在一个篮子里，丢进了台伯河里任他们随水漂流，他希望篮子可以顺水漂到大海，或干脆翻在河里，把他们淹死。

但是，篮子既没有漂到海里，也没有翻在河里，而是停在了岸边，一只母狼发现了双胞胎，还把他们当作自己的孩子一样给他们喂奶，有只啄木鸟也帮着给他们喂浆果。最后有个牧羊人发现了他们，把他们当作自己的儿子抚养成人。是不是很像前面说过的特洛伊战争里面的帕里斯？他也是被丢弃在荒野等死，后来被一个牧羊人发现并抚养长大。

长大后，两个人各自都想建一座城市去当国王，可是国王只能有一个。两人互不让步，争执不休。后来，罗慕路斯杀死了自己的孪生兄弟瑞摩斯。于是，罗慕路斯在台伯河边建起了一座城市，就在母狼救起他们并喂养他俩的地方，那里有7座小山。那是公元前753年，他以自己的名字将此城命名为罗马，城里的居民就称为罗马人。因此，后面罗马的国王们总是说他们是特洛伊英雄埃涅阿斯的后裔——因为他是罗慕路斯的曾曾曾曾祖父。

母狼乳婴

恶劣的开端

据说，为了让人们来罗马定居，罗慕路斯欢迎所有逃犯和小偷来罗马居住，并保证他们在罗马的人身安全。

当时这些男人都没有妻子，而这座新城里也没有女人，于是罗慕路斯想出一个诡计帮这些人能娶妻。他邀请了一些住在附近的萨宾人，包括男人和女人来罗马参加一个盛大的宴会。

萨宾人接受了邀请，来参加盛宴。宴会进行到一半，当所有人都在大吃大喝尽情狂欢的时候，突然有人发出一个暗号，罗马人立即动手，每个人抢了一个萨宾女人之后就逃之夭夭了。

萨宾的男人们立即召集了军队，要和罗马人开战。正当两军开战的时候，萨宾女人们忽然跑出来，站在正交战的前任丈夫和现任丈夫之间，请求双方停战。她们说不愿意再回到原来的家了，因为自己已经爱上了现任丈夫。

你看，一个新城就这样开始建起来，是不是有点糟糕？你很可能在想罗马以后会变成什么样子呢——这个城市以罗慕路斯杀死自己的兄弟为开端，接着住进了逃犯，后来他们又抢了邻居的妻子。我们倒要看看，这样的罗马城以后会变成什么样子。

【法】雅克·路易·大卫《阻止战争的萨宾妇女》

第 12 章

古印度 神秘的东方国度

Ancient India

区位 亚洲 · 印度　时间 公元前 6 世纪

印度河的文明

恒河洗浴

在欧洲的东面有一个国家，叫印度。当然了，这里的印度人和现在叫作“印第安人”的美洲原住民是完全不同的。印第安人原来也叫印度人，那是因为早期的探险家到达美洲时，以为自己到达了印度或是东印度群岛，所以把住在那里的人叫印度人。

印度是沿着河谷发展起来的早期文明发源地之一。你知道那条河的名字吗？给你个提示，和印度有关系——就是印度河，是不是很容易猜到？

印度是个非常古老的国家，它的现代邻国——巴基斯坦，曾经也是印度的一部分。很久以前——大约公元前 2500 年——人们就生活在印度河沿岸，他们驾着船只沿河航行，来来往往地做着交易。他们发明了一种文字系统来记录他们的生活。他们建造的城市有着宽阔、笔直街道。他们的房子里甚至还有浴室，浴室的下水道和城市的排污系统是连在一起的。和我们现在是不是很像？你看，古印度人早在我们之前很久就想出来了这种卫生设施了。

自古印度人沿着印度河建造了最初的城市起，大约 1000 年后，有一群人从西方入侵了他们的家园。他们来自波斯附近的某个地方。最初到印度时，他们还不知道如何使用文字。不过，他们都是身强力壮的战士，在印度逐渐占领了越来越多的土地。原来的印度人和新来的移民相互学习，彼此都吸收了对方的一些风俗习惯。

等级森严的种姓制度

随着时间的推移，印度社会逐渐形成了四个主要的“种姓”，也就是等级。不同种姓之间不会有任何往来，他们不能一起玩耍，一起吃饭，更别说跨种姓结婚。

最高的种姓是由僧侣和学者组成的；各级官吏和士兵次之；农民和商人属于第三种姓；第四个，也是最后一个种姓，是劳工，就是那些砍柴、挖土、挑水的人。

但是，这些人的等级还不是最低的！还有一些人，他们地位低下到不属于任何一个种姓，所以他们是“贱民”，也叫“不可接触者”。甚至到了今天，等级区分已被认为是非法的，但是这些人依然在打扫街道、清扫水沟、收捡垃圾，做那些没人愿意干的脏活儿。

今天的印度，人口十分密集，它的面积大约只有美国的三分之一，但人口却是美国的 4 倍还多。

普度众生的王子

大多数印度人信奉印度教，但是从大约公元前 300 年到公元 400 年这 700 年里，佛教却一直很兴盛。

相传，大约公元前 500 年，印度有位王子出生了，名叫乔达摩。乔达摩看到世界上有这么多人生活在苦难和不幸中，而自己仅仅因为幸运地出生在贵族家庭就过着幸福生活，这样太不公平。于是，他放弃了与生俱来的生活——一种安逸、奢华的生活。他把自己毕生的时间都用来造福人民。

乔达摩教导人们要善良，要诚实，他还教导他们要帮助穷人和不幸的人。渐渐地，人们开始称他为“佛陀”，因为他是那样的神圣，就像神一样纯洁、善良，人们相信他就是神的转世，把他当作神来敬仰。

释迦牟尼在菩提树下顿悟

这些信仰佛的人叫佛教徒，渐渐地，佛教徒越来越多。佛教总是那么慈悲，教导人们向善，这也难怪有那么多的人愿意信仰佛陀，成为了佛教徒。

佛教徒认为他们的宗教如此完美，因此希望所有的人都能信仰佛教。他们派出传教士穿过陆地，漂洋过海一直到了日本岛。从此，这种新宗教就在全世界广泛地传播开来。今天，世界各地的佛教徒比美国的人口还要多。

这样看，印度是个非常重要的地方。它既是世界上最古老文明之一的发源地，也是世界上两大宗教的发源地。

印度佛寺内景

古希腊民主政治

富人与穷人的较量

Ancient Greek democracy

区位 欧洲 · 希腊　时间 公元前 600 年左右

用裁判员代替国王

当我们从一群玩耍的小孩子身边经过时，几乎总会听到有人喊叫：“赖皮，赖皮，这太不公平了。”好像总有一些参赛选手认为对方没有公平比赛，双方老是争吵。

他们需要一个公正的裁判员。

当雅典还是一座新兴城市的时候，雅典人分成了两派——富人和穷人，也就是贵族和平民。他们老是发生争执，两派都希望自己获得更多的权利，而且两人也总是说对方不按规矩行事。

他们也需要一个裁判员。

雅典以前是有国王的，但是国王总是站在富人一边，所以，雅典人撵走了最后一个国王，从那以后，雅典再也没有国王了。

严酷的法典

大约在公元前 600 年，雅典的状况变得很糟糕，于是，大家选出了一个叫德拉古的人制定了一套法律——被称作《德拉古法典》。

《德拉古法典》规定任何触犯法律的人都将受到严酷的惩罚。如果一个人偷了点东西，哪怕只是一块面包，他将面临的不仅仅是处以罚金，或关进监狱那么简单，而是直接处死！不管一个人犯的过错多么轻微，他都要被处死。对此，德拉古是这样解释的：小偷就该被处死，而杀人犯应受比死刑更严厉的惩罚，但可惜没有比死刑更严厉的惩罚了。

你们大概能明白《德拉古法典》导致了多少纠纷吧？这套法律实在太过严酷了，所以不久，人们就呼吁另一个人来制定一部新的法典。这个人名叫梭伦，他制定的法典非常公正合理。现在我们把参议员和其他立法议员称为“梭伦”，就是源于这个古代的立法者。

后来，人们对梭伦的法典还是感到不满意。上层的贵族阶级认为法典给了平民太多的好处，而下层的平民则感觉法典袒护上层的贵族。尽管两个阶级的人都抱怨法典对自己不公平，但是在一段时间内，他们都还是遵守这个法典的。

解决贫富冲突

大约在公元前 560 年，有个叫庇西特拉图的人步入政坛，并独揽大权，掌管了国家事务。他没有经过任何的选举或任命，就自立为王了，而且他的势力非常强大，没有人阻止得了他。

从那以后，就不时的有人效仿他，做这种自封为王的事，他们都被称为“僭主”。但是现在，只有那些残暴不仁的统治者才叫暴君，虽然庇西特拉图也自封为王了，但他解决了贵族和平民总是争执的难题，而且他还很公正。实际上，庇西特拉图是遵照梭伦的法典来治理雅典的，而且他还采取了很多措施来建设雅典、改善雅典人的生活。除此以外，他还让人把荷马的诗歌抄录下来，以便人们阅读，在此之前，人们只能通过口口相传才知道这些诗。

因为这些，人们容忍了庇西特拉图的统治，在他和他儿子执政期间，雅典还算平安无事，但最后雅典人实在是厌烦了他儿子的统治，于是在公元前 510 年把所有庇西特拉图家族的人都赶出了雅典。

陶片放逐法

下一个试图解决贵族和平民两派冲突的人叫克里斯提尼。这个名字是不是很难记住？现在，我把他的名字多说几遍，这样你听惯了也就熟悉了。

克里斯提尼

克里斯提尼

克里斯提尼

不管你是穷人还是富人，每次选举的时候，每个人都只可以投一票，仅仅一票，不会再多了。

如果有人触犯了法律，不管他是贫穷还是富有，都得进监狱。

克里斯提尼给了每个男人选举权——穷人和富人都一样——但是他没有给女人选举权。在古代，女人是不能参与政治的。尽管这样，雅典人还是认为克里斯提尼的统治是非常公正贤明的。

克里斯提尼开创了“陶片放逐法”。如果出于某种原因，大家想要除掉一个人，他们就把随手捡起的破陶罐碎片上刻上这个人的名字，然后在规定的日子里，将这个碎片扔到投票箱中，如果投票达到一定的数目，那个人就必须离开雅典10年。这就是陶片放逐法。

陶片放逐法

即使是今天，我们还经常用“放逐”这个词。你有因为调皮捣蛋被家人从餐桌边赶到厨房或自己房间的经历吗？

如果有，那么你也被“放逐”过了。

共和政体 罗马人赶走了国王

Republic

区位 | 欧洲 · 意大利　时间 | 公元前 500 年左右

把国王赶走

扛着木棍的扈从

公元前 509 年，罗马发生了一件大事。

那时的罗马和雅典一样，社会也分为两大阶级：富人被称为贵族，穷人叫作平民。在古罗马，只有贵族才有选举权，而平民是没有选举权的。

后来，平民也享有选举权了，但在塔克文国王执政期间，他认为平民不该享有选举权，于是，他就下令剥夺了平民的选举权。这个命令惹怒了平民，因此，他们联合起来将塔克文赶出了罗马城，塔克文也就是罗马的最后一位国王。

塔克文国王被赶走后，罗马人建立了共和政体，有点像现在的美国，但是他们没有选总统，因为他们担心，如果只让一个人做总统的话，他可能会自立为王。

因此，罗马人每年选举两个人来管理国家，他们把这两个人称为“执政官”。每个执政官各有一支12人组成的卫队，卫队成员叫“扈从”，每个扈从背着一束木棍。这束木棍的中间或是一端有一把斧头，表示执政官有权用棍子抽打或用斧头砍掉人头来实施惩罚。

处死儿子的执政官

第一任的两个执政官中，有个叫布鲁图斯，他有两个儿子。被赶出罗马城的国王塔克文秘密回到罗马，想再登上王位。他说服了一些罗马人给他提供帮助，其中就有布鲁图斯的两个儿子。

布鲁图斯发现了这个阴谋，也知道了自己的两个儿子帮助了塔克文。但他把两个儿子送上了法庭。最终他们被判有罪，尽管他们是自己的亲生骨肉，他还是让扈从把他俩和其他叛乱者一起处死了。

【法】雅克·路易·大卫《扈从给布鲁图斯抬来儿子的尸体》

塔克文的计划没有成功。第二年，他又卷土重来。这次，他联合了邻国伊特鲁里亚人的军队，一起攻打罗马。

当时，台伯河上有座木桥，将伊特鲁里亚人隔在罗马城外。为了阻止伊特鲁里亚人过桥入侵罗马城，罗马英雄贺雷修斯下令把这座桥拆掉，要知道他之前在保卫罗马的战斗中已经失去了一只眼睛。

这座桥被砍倒的时候，贺雷修斯和他的两个伙伴还站在桥的尽头抵抗着整个伊特鲁里亚人的军队。听到桥被砍断的声音，贺雷修斯命令他的两个伙伴在桥塌之前尽快跑回罗马那边去。

此时，只有贺雷修斯一人还在奋力地抵挡敌人，直到最后这座桥倒塌在河里。穿着盔甲的贺雷修斯随后跳进了河里，奋力游向对岸的罗马城。尽管伊特鲁里亚人射出的乱箭纷纷落在他身边，尽管身上笨重的盔甲带着他向下沉，他还是平安到达了对岸。甚至连伊特鲁里亚人也被他的勇敢震撼了，也情不自禁为他高声欢呼。

有一首非常有名的诗叫《桥上的贺雷修斯》，描述的就是他的英勇壮举。

不想当国王的辛辛纳图斯

贺雷修斯去世后不久，又出现了一个名叫辛辛纳图斯的罗马人，他只是个在台伯河边拥有一小片土地的淳朴的农民，但是他非常睿智善良，所以，罗马人对他既尊敬又信任。

有一天，敌人将要攻打罗马，罗马人此时必须有一位领袖和将军。他们想到了辛辛纳图斯，请他出任“独裁官”。

当时，所谓的独裁官是大家在紧急关头推举出来的统率，其实也是在危难之时领导全民的人。辛辛纳图斯和大家一起来到罗马城，召集了一支军队，出城迎击并打败了敌人，然后回到罗马。这一切从开始到结束都不超过24小时，真是神速啊！

人们为辛辛纳图斯如此迅速而果断地拯救了罗马城而欢呼雀跃，所以，希望他在和平时期能继续做他们的将军。尽管他们痛恨国王，但是如果辛辛纳图斯愿意接受的话，他们也愿意奉他为国王。

但是，辛辛纳图斯可不想要这些头衔。尽了自己的责任，他就想回到妻子身边，回到自己那简陋的家和他田地里去。在那个时候，当国王是多么大的诱惑，可他依然解甲归田，选择做一个普通农夫，而不是当国王。

如今，美国俄亥俄州的辛辛那提市，是以一个社团的名字而命名的，这个社团当初就是为了纪念这个生活在公元前 500 年左右的古罗马人而创建的。

【法】巴希阿斯《辛辛纳图斯接见国会议员》

希波战争 长达半个世纪的战争

Greco-Persian Wars

区位 | 亚欧 · 希腊与波斯　时间 | 公元前 500 左右

希腊对波斯。

你知道那个“对”字表示什么意思吗?

就像两支球队比赛的时候，会用这个词，比如说：哈佛 VS 耶鲁。

“对”就是“对抗”“较量”的意思。

从前，希腊和波斯之间有一场重要的比赛，但这是生与死的较量，是弱小的希腊王国和强大的波斯帝国之间的一场战争。

伟大的波斯国王居鲁士，征服了巴比伦和一些国家后，继续向外征战，直到波斯统治了世界上大部分地方，除了希腊和意大利。

马拉松战役

公元前 500 年左右，这个庞大的波斯帝国的新国王叫大流士。一天，大流士看着地图，当他看到像希腊这么小的国家居然还不属于他时，不禁自言自语：“我必须征服希腊的土地，使我的帝国更完整。”除了这个原因之外，希腊人还总给他制造麻烦。他们帮助他的一些属国反叛他。

大流士把他的女婿招来，命令他远征希腊。

他的女婿奉命，带着一支舰队和一支军队出发去讨伐希腊。但是，在他们到达希腊之前，一场暴风雨就将这艘舰队摧毁了，他不得不无功而返。

马拉松战役

大流士对此十分愤怒，对女婿大发脾气，也痛斥那个毁掉他战舰的天神，他下定决心准备下一次亲自率军讨伐并征服希腊。

不过，他先派了信使去希腊所有的城邦，要求各个城邦都送一点泥土和水给他，以此表明他们愿意把土地献给他，这样就不必动用武力了。很多希腊城邦畏惧大流士的威胁和他的强权，都按照他的要求献上了泥土和水。

但是雅典和斯巴达拒绝了。两个城邦联合起来，并号召他们的邻邦也加入进来，共同抵抗大流士和波斯。

大流士准备先征服雅典，再去进攻斯巴达。

要到达雅典，他的军队必须先乘船穿过大海。要载着大流士的军队越过大海来到希腊，需要大约 600 艘“三列桨战船”。这样的大型战船，每一艘上除了桨手和船员，还有大约 200 名士兵。你们可以自己算算大流士的军队有多少士兵，没错——差不多有 12 万个士兵。

波斯人在一个叫马拉松平原的地方登陆，离雅典只有大约 42 千米。雅典人听说波斯人快要兵临城下，他们急需斯巴达人前来支援。

可是，那时没有电报、电话或铁路这些东西，所以他们只能派人去斯巴达送信。

他们请求一个有名的长跑好手斐里庇得斯去送信。从雅典到斯巴达，全程

首届马拉松比赛

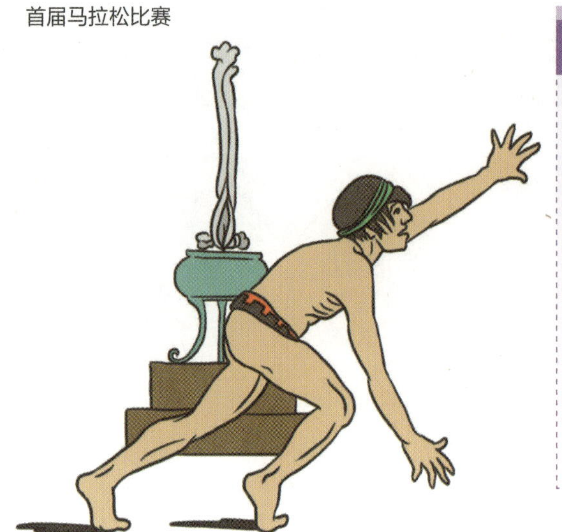

马拉松赛跑

公元前490年，希腊打败波斯后，斐里庇得斯从马拉松平原出发，跑回雅典去报捷。当他刚跑到雅典，气喘吁吁地把消息告诉了正在集市上的雅典人，就倒地身亡了。为了纪念这次著名的长跑，现代奥林匹克运动会上有一个项目就叫马拉松赛跑，在这个比赛中，运动员要跑同样的距离——42千米。

大约241千米。斐里庇得斯不分昼夜地奔跑，几乎没有停下来休息或吃东西，第二天，他就到了斯巴达。

然而，斯巴达人却回信说，他们此时还不能出发，因为那时候不是满月；古时候的人总是喜欢在出行前占卜，他们觉得如果不是满月的时候就出发会很不吉利，就像如今的“黑色星期五”一样。斯巴达人说等月亮圆了，他们就会来。

但是雅典人已经等不了了，他们知道波斯人在月圆之前就会到达雅典。因此，雅典所有的战士离开他们的城市，前往42千米以外的马拉松平原迎战波斯军队。

米太亚德将军率领雅典的军队，而他们仅有10000名士兵，除此以外，还有来自附近一个小城邦的1000名士兵，这样一共有11000名战士。平均算下来，差不多1个希腊士兵对10个波斯士兵。

不过，我们知道，希腊人都是训练有素的运动员，这一点波斯人可不是他们的对手。尽管希腊士兵的人数很少，人数众多的波斯人却被打败了，而且是败得一塌糊涂。当然，一方面是因为希腊人长期的训练使他们英勇善战。但是更重要的是，他们都是背水一战，没有任何退路。

波斯再次入侵

在这场战争后，大流士愈发恼羞成怒，更加下决心要把这群顽固的希腊人彻底打垮。于是，他开始为又一次的侵略做准备。不过，这次他下定决心组建一支世上无敌的陆军和海军，可是还没等他实现计划，他就死了。

大流士有个儿子名叫薛西斯，他继承了父亲的遗志，准备继续进攻希腊。

希腊人也同样下决心一定不能被波斯打败，因此，他们也继续备战，因为他们知道波斯人迟早会卷土重来。

当时，雅典有两个最重要的人物，他们都想成为领袖。一个叫地米斯托克利，另一个是亚里斯泰迪斯。

地米斯托克利督促雅典人为下一场和波斯人的战争做好准备，他认为雅典人应该组建一支舰队，因为他们没有舰船，而波斯人却有很多。

可是，亚里斯泰迪斯却不这样认为。他觉得这笔支出十分荒唐，所以对此大加抨击。

尽管亚里斯泰迪斯一向都是睿智公正的，但是这次有不少人不赞同他的看法，他们认为地米斯托克利说的很有道理。等到陶片放逐投票日的时候，统计完票数，结果亚里斯泰迪斯被驱逐出境了。雅典人可以继续为战争做准备了。最后事实证明，这样做的确没错。

他们建造了一支由三列桨战船组成的舰队，而且将希腊所有城邦联合起来，一旦战争爆发，就合力抵抗。斯巴达以战士之城而闻名，因此被推举为战争时的联军领袖。

在马拉松战役之后的第十年，强大的波斯军队又一次攻打希腊。据推测，这一次波斯军队由 200 多万名士兵组成。

这么多的人全部用船肯定是不行的，薛西斯决定全军步行到希腊，虽然路途遥远，但那样可以绕过大海。他们就这样出发了。

斯巴达国王列奥尼达

温泉关战役

波斯人要到雅典必须穿过一个叫温泉关的狭窄山口，通道一边是悬崖峭壁，一边是急流。

希腊人决定最好在这个关口阻挡住波斯人——抢在他们到达雅典前，先在那里迎战他们。这样，少数希腊士兵就能以一当百对付众多的波斯士兵。

希腊人决定派出自己的精兵良将，一支由最勇猛的将军率领的全希腊最好的战士组成的军队去迎战波斯军队。

斯巴达国王——列奥尼达被大家推选为温泉关的首领，7000 名士兵随同他前往，其中有 300 人是斯巴达人，斯巴达人所受的教育就是永不投降，永不屈服。一个斯巴达母亲会经常对儿子说：

“要么举着你的盾回来，要么躺在上面回来。”

当薛西斯发现自己被这一群少得可怜的士兵挡住时，就派使者命令他们投降，放弃抵抗。你们猜列奥尼达怎么回答的？

他简单地说了句：“来抓我们吧。”

战斗持续了两天两夜，但是列奥尼达仍然据守关口，波斯人无法通过。

这时，希腊一个可耻的懦夫做了叛徒，他为了活命和得到薛西斯的厚赏，向薛西斯国王泄露了一条隐蔽的小路，沿着这条路，波斯的军队可以越过那座山，悄悄溜过去包围守关的列奥尼达和他的士兵。

第二天早晨，列奥尼达得知波斯人已经发现了那条秘道。不过，他的士兵要逃离还来得及，于是他叫那些想要逃走的人马上离开。坚持留下来的人心里明白继续战斗必输无疑，选择留下，就是选择了死亡。尽管如此，仍有 1000 名士兵忠于自己的领袖，其中包括 300 名斯巴达人，因为他们说：

“我们接到命令来守关，不管发生什么，斯巴达人都会服从命令，绝不投降！”

列奥尼达和他的 1000 名勇士苦战到最后，最终只有一人活了下来。

空城计

通往雅典城的道路畅通无阻了，希腊人的处境十分不利。

不知所措的雅典人慌忙跑到德尔菲的神庙请求神谕告诉他们该怎么办。

神谕说雅典城在劫难逃，注定要被摧毁，没有任何希望了，但是雅典人却会被木墙拯救。

神谕总是这样让人费解。但是，地米斯托克利却说他懂神谕的意思。他说神谕所讲的木墙就是指这些舰船。

雅典人听从了地米斯托克利的吩咐，按照神谕的指示，离开了他们的城市，逃到离城不远的萨拉米斯海湾的舰船上躲避。

波斯大军到达了雅典，却发现城内空无一人。如神谕所说，他们气愤地烧毁了雅典。随后他们又朝着萨拉米斯海湾进发。薛西斯在一个俯瞰海湾的小山上，命人给自己建了个宝座，这样他就可以坐在那儿观看自己的庞大舰队摧毁满载着全城雅典人的、小小的希腊舰队。

希腊的舰队由地米斯托克利统率。他的船只停在狭窄的海湾，有点像列奥尼达的士兵守在温泉关的狭窄山谷里一样。

于是，地米斯托克利就想出了个主意。他假装自己是个叛徒，和温泉关战役中的那个叛徒一样投靠波斯人，他捎信给薛西斯献计说，如果波斯舰队分为两部分，分别守在海湾的两头，希腊人就会被夹在其中。

薛西斯觉得这是个好主意，于是下令按照地米斯托克利的建议去做。但是，当他微笑着坐在宝座上，遇到了他人生中最意想不到的事：随着波斯舰队一分为二，中间的希腊人恰好可以分别攻击两头的波斯舰队，由于空间非常狭小，波斯人的舰船彼此挡路，反而把自己的船只撞沉了。

薛西斯一世

波斯舰队被彻底打败了，骄横自大的薛西斯带着他剩下的陆军和所有幸存的海军，狼狈地从原路撤回了波斯。

强大的波斯受到了惨痛的教训，这也是波斯人最后一次企图征服弱小的希腊。

伯里克利时代 雅典的黄金时代

Pericles era

区位 欧洲·希腊　时间 公元前 480 年左右

我们之前在说石器时代和青铜时代的时候，提到过有关黄金时代的故事。那么，现在我们来谈谈黄金时代。

黄金时代并不是说那个时代的人使用的物品都是黄金做成的，也不是说他们有大量的金币。它的意思有点复杂，一句两句也说不清楚，我们接着往下看吧。

雅典的黄金时代

与波斯的战争过后，雅典人借着胜利的喜悦去创造各种美妙的事物，在波斯人被赶出希腊后的 50 年——也就是公元前 480 年到前 430 年——是希腊历史上最兴盛的年代，或许那也是欧洲历史上最辉煌的岁月。

薛西斯的军队烧毁了雅典城。当时看上去好像是个可怕的灾难，但是并非如此。人们很快就投入到重建工作，一座比以前更美丽、更繁华的城市立马出现在人们眼前。

当时雅典的领袖人物叫伯里克利。他既不是国王，也不是统治者，但他是一个充满智慧，善于演说，并深受大众欢迎的领头人，所以他认为怎样做最好，雅典人就照他说的去做。他很像一个受人爱戴的球队队长，雅典就是他的球队，他把这支队伍训练得非常好，所有的球员都在各自的位置上发挥最大的

古希腊剧场

能力。有些人成了伟大的艺术家，有些人成了伟大的作家，还有一些人成了伟大的哲学家。你知道什么是哲学家吗？他们是一些聪明睿智的人，学识丰富，善于钻研。

艺术家建造了很多美丽的房屋、剧院和神庙。他们为希腊的神制作了精美的雕像，并将这些雕像放在建筑物上和城市的四周。

哲学家则教人们怎样变得明智而善良。

作家创作了许多优美的诗篇和戏剧。和我们今天的戏剧不一样，那时的戏剧讲述的都是有关神灵的事迹。

剧院也和我们今天的不一样，那时的剧院几乎都是露天的，剧院一般建在小山坡上，这样剧院的舞台就可以对着大看台。这种剧院很少有舞台布景，没有乐师组成的管弦乐队，只有一群歌手用合唱来为演员伴奏。演员用面具来表示他们的喜怒哀乐，当要表示滑稽可笑的时候，就戴上咧嘴而笑的“滑稽”面具，而想要显示悲伤的时候，就戴上愁眉苦脸的“悲剧”面具。

雅典是以女神雅典娜的名字命名的，据说这座城市一直都是雅典娜在守护和照看着。因此，雅典人认为她应该有一座与众不同的庙宇。于是，他们专门在阿克罗波利斯山（即现在的雅典卫城）的山顶上给她建造了一座神庙——“帕台农”，即“少女”的意思。

“滑稽”面具和“悲剧”面具

有人认为帕台农神庙是世界上最美的建筑物。可惜现在的帕台农神庙大部分已被毁坏。神庙的中央放着一座巨大的雅典娜雕像，它是由一位名叫菲迪亚斯的雕刻家用黄金和象牙制作的。据说，它是世界上最美的雕像，但它已经消失得无影无踪了。有人猜测是黄金和象牙引来了盗贼，他们可能将雕像一块一块地偷走了。

最伟大的雕塑家

菲迪亚斯在帕台农神庙外面还制作了很多雕像，但是大部分已经被搬走了，其中一些放进了博物馆，有些可能是丢失或毁坏了。

帕台农神庙的雅典娜雕像和其他雕塑让菲迪亚斯声名大噪，所以他被请去为众神之父宙斯制作雕像，做成后的雕像将被放在奥林匹亚山上，就是举行奥林匹克运动会的地方。宙斯雕像比雅典娜雕像还要精美，以至被称为世界七大奇迹之一。

历史之父

伯里克利有个朋友叫希罗多德，他用希腊文写了世界上最早的历史。因此，希罗多德被称为“历史之父”。他写了古埃及和古代世界一些地方的历史。其中一些地方非常遥远，大多数希腊人都没去过，比如位于非洲埃及南边的库施。

菲迪亚斯被称为有史以来最伟大的雕刻家，但是他犯下了一个希腊人认为无法饶恕的罪行：在他制作的雅典娜神像的盾牌上面，他刻上了自己的头像。可能在现在看来，这算不上什么大错。但是按照希腊人的观念，在神像上刻人像是一种亵渎神灵的行为。雅典人发现了菲迪亚斯做的事，就将他关进了监狱，后来他死在了那里。

黄金时代的陨落

在那个时代，每隔一段时间，就会爆发一种可怕的传染病，叫“瘟疫”。当瘟疫爆发，就会有数以千计的人因染病而死去，那时的医生对治疗瘟疫束手无策。后来，一场鼠疫侵袭了雅典，雅典人如同中毒一样成批死去。伯里克利亲自护理患者，为他们尽心尽力，但是最后，他自己也染上瘟疫而死。为了纪念这个时代最伟大的人，黄金时代也被称为“伯里克利时代”。

雅典空前辉煌的黄金时代仅仅持续了50年。

你觉得它为什么会结束呢？

主要是因为一场战争。

这场战争发生在两个城邦之间——斯巴达和雅典之间，这是希腊内部的纷争。之所以打起来完全是因为城邦斯巴达妒忌城邦雅典。

你知道的，自从地米斯托克利用自己创建的战船在萨拉米斯海湾击败了波斯人之后，雅典也有了一支优秀的舰队，而斯巴达却没有。斯巴达对雅典那些美丽的建筑和它的教育、文化并不感兴趣，真正让斯巴达眼红的正是雅典的舰队。斯巴达是内陆城市，根本无法拥有一支舰队。因此，斯巴达找各种各样的借口联合邻邦，向雅典宣战了。

斯巴达位于希腊一个名字很复杂的地方，叫伯罗奔尼撒半岛。和雅典交战的不仅是斯巴达，还有伯罗奔尼撒半岛的其他城邦。因此这场战争就叫作“伯罗奔尼撒战争”。

如果一场战争持续四五年，你是不是觉得时间很长了？但是伯罗奔尼撒战争竟打了27年！俗话说：“当希腊人遇上希腊人，定有一场苦战。”意思就是：像雅典和斯巴达在战场上相见，双方旗鼓相当，谁又能预测到结果呢？

可以想象得到，27年——这场旷日持久、血流成河的战争，让两个城邦都疲惫不堪、元气大伤。尽管斯巴达占了上风，但是两个城邦此后再也成不了气候。雅典的黄金时代也消失殆尽了。这，就是战争的结果！

帕特农神庙

亚历山大 少年国王 Alexander

区位 欧洲·希腊 时间 公元前 340 年左右

你能想象当你 20 岁的时候，你会在干什么吗？

在上大学？

在工作？

还是在做别的事情呢？

征战波斯

在亚历山大 20 岁的时候，他已经是马其顿和希腊的国王了。但是对这个杰出的年轻人来说，马其顿和希腊实在是太小了。他想统治一个更大的国家，甚至想要统治整个世界。

因此，亚历山大开始实行他父亲征服波斯的计划，这一次波斯要为 150 年前的入侵付出代价了。

他集合了一支军队，穿过达达尼尔海峡进入亚洲，与波斯先遣部队展开了战斗，并连连获胜。

波斯版图十分辽阔，他继续行进。

很快，他来到一个镇子，那里有座庙，庙里有根绳子，绳子因为打了个“戈尔迪之结”而远近闻名遐迩，因为神谕说过谁能解开它，谁就将征服波斯。但一直没有人能解开它。

亚历山大听说了这个故事后，就来到这座庙。他一眼就看出这个结是解不开的，于是，他直接抽出利剑，把结斩成了两段。

从此以后，亚历山大征服了一座又一座城市，从未打过败战，直至征服了整个波斯。

充满雄心的冒险家

亚历山大不会在任何一个地方久留。他总是闲不下来，想着继续不断前行。他想看到新的地方，征服新的民族。他几乎已经忘记了自己的马其顿小国和希腊。和别人不一样，他一点也不思乡，反而不停地前进，离家越来越远。这样

意大利庞贝出土的亚历山大大帝画像（局部）

的人不仅是伟大的将领，还称得上是冒险家或探险家。就这样，亚历山大征服了一个又一个地方，直到他来到遥远的印度。

到达印度后，一直跟随他征战的战士们都开始思念家乡。他们已经离家 10 多年了，现在离家那么远，他们担心再也回不去了。

这时的亚历山大只有 30 岁，但是已被称为“亚历山大大帝”了，因为他是整个世界的主宰。至少，对大多数希腊人来说，他们所知道的地方都已被他征服了——除了意大利。那时候的意大利只不过是一个微不足道的小城镇罢了。当亚历山大发现再没有什么国家可以让他征服的时候，他竟然失望得哭了起来！

最后，他终于同意了战士们的请求，踏上了回家的征途。

亚历山大城

为了庆祝征服埃及，亚历山大在尼罗河河口附近创建了一个城镇，并以自己的名字命名，这里很快成了古代世界最大、最重要的海港城市。亚历山大在那里还开设了一座很大的图书馆，据说有 50 万册藏书——它是古代最大的图书馆。亚历山大城有一座著名的灯塔，叫“法罗斯岛灯塔”。它有 30 多层楼那么高，被称为世界七大奇迹之一。

帝国的陨落

亚历山大大帝

当他到了巴比伦——曾经无比辉煌而庞大的城市，在那儿，他举行了一次庆祝盛宴，但是就在纵酒狂欢的时候，他突然死去了，再也没有回到希腊。

他死于公元前 323 年，当时他只有 33 岁。

亚历山大不仅是个伟大的统治者和将领，还是一个了不起的教师。

在那些他所征服的地方，亚历山大教他们希腊语，这样他们就能读希腊的书籍；他将有关希腊的雕刻和绘画方面的技巧教给他们；还把希腊哲学家们所说过的名言警句教给他们；他还对他们进行体育训练，就和希腊人为参加奥林匹克运动会所做的一样。

亚历山大娶了一个美丽的波斯女子——罗克珊娜。但是，他们唯一的孩子是在亚历山大死后才出生的。因此，这位伟大的国王死后，没有人能继承他的大业。他死前曾对众多将领说，他们中最强大的人将会成为下一位统治者，而这个人必须通过决斗选出来。

最后有 4 个人获得了胜利，他们决定把这个庞大的帝国分为 4 份，每个人分得一块地盘。

其中一个将领名叫托勒密一世，他得到了埃及，并且还把埃及治理得很好。但其他 3 个人就没有他那样的才能，一段时间后，他们的领土都逐渐衰落，四分五裂了。

伟大的亚历山大帝国就像气球一样，越来越大，越来越大，直到突然“啪”的一声——什么都没了，只剩下了一堆碎片。

印有亚历山大图像的希腊硬币

智者 谁是古希腊最聪明的人

The Wise

区位 欧洲 · 希腊 时间 公元前 5 世纪

苏格拉底

苏格拉底

在伯罗奔尼撒战争期间，雅典有个名叫苏格拉底的人，直到现在，还有很多人认为他是古往今来最聪慧、最高尚的人之一。他被称为哲学家。他在雅典城里到处教导人们什么是正确的，什么是应该做的。但是，他并没有向人们直接说出这些道理，而是向他们提出问题，引导人们自己去明白一些道理，让他们自己悟出什么是正确的。这种仅仅通过提问来进行教学的方法，从此就被称为“苏格拉底问答法”。

苏格拉底长着塌鼻子，头又秃顶，相貌很丑，但是他在雅典很受人们的欢迎，这可是非常难得，要知道，雅典人一向以爱美著称，他们喜爱漂亮的容貌、美丽的雕像和一切美好的事物，而苏格拉底的外表与美一点也不沾边。一定是苏格拉底高尚的品德让雅典的人们忽略了他丑陋的相貌。

苏格拉底的妻子名叫赞蒂佩，她脾气很暴躁，是个爱发牢骚的泼妇。因为苏格拉底不去工作挣钱，她觉得苏格拉底在浪费时间，整天游手好闲。一天，她又大声地骂苏格拉底，他只好无奈地离开家，于是，她又从楼上把一桶水泼

【法】雅克·路易·大卫《苏格拉底之死》

到他身上。而吵架从不回嘴的苏格拉底只对自己说了句：

“雷声之后，想必有雨。”

苏格拉底并不信仰希腊诸神，但是他很谨慎，不把自己的想法说出来，因为希腊人是不允许任何人说什么或做什么来反对他们的神灵。菲迪亚斯，你还记得吧？就是因为在雅典娜女神雕像的盾牌上刻了自己的头像就被关进了监狱。

然而，正如苏格拉底所担心的那样，他最终还是被指控不信仰希腊众神，并且还教唆他人不信仰众神。他因此被判处死刑，被责令喝下一杯毒芹汁，这是一种致命的毒药。

苏格拉底的学生——当时被称为门徒，都劝说他拒绝那杯毒药，但是他不愿抗命。于是，在他将近 70 岁的时候，所有的门徒都围绕在他的身旁，他喝下了那杯毒芹汁，死去了。

尽管苏格拉底生活在几千年前，但是他所坚信和倡导的哲理至今为人所信服。想不想听一听他的“教诲”？

他的信念之一是：我们每个人的内心都有“良知”，它让我们知道什么是对，什么是错；我们不必从书本里或由他人指点才能明辨是非。

他宣扬的另一个观念就是：人死后还有另一个世界，我们身体死了，可灵魂还活着。

难怪他不怕死！

亚里士多德

苏格拉底的学生和“徒孙”

我们前面有说到，亚历山大是一个非常出色的国王，不过，他有一个更加杰出的老师叫亚里士多德，有些人甚至认为亚历山大的伟大至少要部分原因归功于他的老师。

亚里士多德可能是从古至今最伟大的老师了。如果能有更多像亚里士多德一样伟大的老师，大概也会有更多像亚历山大一样了不起的学生。

亚里士多德写的书涉及各个学科领域——天文学、动物学，还有一些你可能从未听说过的学科，比如心理学和政治学。

以往的千百年来，亚里士多德写的这些书都是男孩、女孩们学习的教科书，而且在很长一段时间里，这些书也是唯一的教科书。这是多么了不起啊！

亚里士多德曾经受教于一个名叫柏拉图的人，他也是位杰出的老师和哲学家。柏拉图曾是苏格拉底的学生，因此亚里士多德也可以说是苏格拉底的“徒孙”了。这三个人是希腊的智者：

苏格拉底

柏拉图

亚里士多德

也许将来有一天，你们有可能会读到他们 2000 多年以前写的书或说过的话。

柏拉图

罗马帝国 世界新霸主

The Roman empire

区位|欧洲·意大利　时间|公元前 3 世纪

罗马帝国的崛起

俗话说："风水轮流转，人人皆有得意时。"

国家的兴衰似乎也是这样。一个国家从另一个国家那里夺得霸主地位，保持几年，然后，当这个国家变得衰弱，又会被其他国家替代。

我们看到：

尼尼微一度是霸主；接下来——

轮到了巴比伦；接下来——

轮到了波斯；接下来——

是希腊；最后——

是马其顿。

现在，你们猜一猜，亚历山大的帝国瓦解后，谁会是下一任霸主呢？

当亚历山大在忙着征服世界的时候，当时的罗马仅是个小城镇，街道狭窄，房屋破旧。这种微不足道的地方亚历山大是不会放在心上的。那时的罗马也没什么野心，只想要维持自身的安全，防止邻国军队侵犯。

但是，罗马逐渐成长起来了，不仅能保证领土不再受侵犯，而且有能力对外发动战争了。罗马和意大利大多数城邦都打了仗，而且都打赢了，最终成了整个“靴子”的霸主。随后，罗马开始关注外面的世界，看看意大利之外还有哪些其他地方可以去征服。

他们两次战胜了迦太基。渐渐成为了世界新的霸主。

你能想象得到当时的罗马人是多么的自豪。如果一个人说“我是罗马公民”，人们就会想办法巴结他，生怕他不高兴，生怕自己一不小心得罪了他。

罗马不仅统治着意大利，还掌控了西班牙和北非。和其他早期的民族一样，罗马开始继续扩张，到公元前 100 年，罗马已经是地中海沿岸所有国家的统治者——除了埃及。

罗马这个新的世界霸主，将自己的霸主地位维持了很多年，因为他们做事非常认真、注重实效。

实用的城市建设

罗马人模仿希腊人，从他们那里学会了怎样创造出美的东西，但是他们却对实用的东西更感兴趣。比如说，罗马人有两项重大的城市设施。

如果你现在生活在城市，任何时候想用水，只要打开水龙头，就可以得到干净的水。而在当时，城里的居民要饮水，都要到附近的水井或山泉去取水。这些山泉和水井经常受污染，人们喝了就会生病，甚至会引发可怕的瘟疫。

罗马人想要干净的水，于是就开始寻找有干净水源的湖泊，为了方便取用，他们建了一些巨大的管道将水一直引到城

条条大路通罗马

为了能够迅速地朝任何一个方向派出使者和军队，罗马人开始认真修路。这些道路很像一层层铺起来的马路，一条条通向帝国的各个区域，人们几乎可以由不同的地方，通过这种铺好的道路到达罗马。于是有了个说法：“条条大路通罗马。”这些路十分坚固，直到现在，其中一些还保存完好。

古罗马水道桥

里。这种管道由石头和水泥制成，被称为“高架渠”。如果高架渠必须越过河流或山谷，他们就建一座桥把它托起来。这样的高架渠至今有很多还矗立在那里，而且仍在使用。

以前，城市中用过的废水和其他垃圾，都直接倒在街道上了事，这自然让城镇脏乱不堪。建立了庞大的下水道系统后，罗马人可以将污水排到城外。虽然在现在看来，这样做也是不对的，可是当时的罗马人还不知道怎样避免废水污染河流。

除此之外，罗马还做了一件非常重要的事情——制定人人都必须遵守的规则——现在被称为法律。其中一些法律非常公正合理的，以至于我们现在的法律有些还是以它们为蓝本制定的。

血腥的格斗和可怜的奴隶

罗马帝国规定所有城镇都必须向罗马进贡或交税，因此罗马成了极富有的城市。上贡的钱财被用来兴建城市里美丽的建筑物、神庙、统治者金碧辉煌的宫殿、公共浴室和叫作“竞技场”的大型露天场所，供人们娱乐使用。

当时的竞技场有点像我们今天的足球场、棒球场或是露天体育场。但是，上演的是人与人之间或人与兽之间的殊死搏斗。

在所有竞技运动中，罗马人最喜欢角斗士的格斗。角斗士大部分都是罗马人在战争中抓来的俘虏，他们非常强壮有力，通常要被迫互相格斗，或者和野兽搏斗，以娱乐在场的观众。这些角斗士的格斗非常残忍，但是罗马人就喜欢这样血腥的场面。他们喜欢看到一个角斗士杀死另一个角斗士或是杀死一只野兽，觉得这样最有意思了。通常，格斗都是以其中一方被杀作为结束，不然不看到最后的场面，人们是不会满意的。

不过有时候，如果一个角斗士被打败了，但要是他在决斗中显得勇猛，有风度，那么在场的观众就会竖起大拇指，希望获胜方饶他一命。如果他们把大拇指“朝下指”，这就意味着胜利者必须杀掉对手，结束这场格斗。

虽然罗马已经成为了一座优雅、美丽而又卫生先进的城市，但是，整个帝国的大部分财富都纷纷落到了富人手中，他们变得越来越富有，而穷人却变得越来越贫穷。罗马人把战场上的俘虏带到罗马，把他们变成无偿劳动的奴隶，所有的活都是他们做。据说，当时奴隶的数量是罗马人的两倍多——也就是说，平均每个罗马人都有两个奴隶为他服务。

古罗马斗兽场

恺撒 罗马帝国的无冕之皇

Julius Caesar

区位 | 欧洲 · 意大利　时间 | 约公元前 70 年

一个叫恺撒的男孩

公元前 100 年，有个男孩在罗马出生了，名叫尤利乌斯·恺撒。

在那个时代，地中海上到处都有海盗横行。那时罗马是世界的霸主，因此很多满载金银财宝的船只，从帝国的各个地区送往罗马城。海盗们四处航行，暗中埋伏伺机俘获并抢劫这些装满黄金的船只。

恺撒长大成人后，被派去海上剿灭这些海盗，但却被他们俘虏了。海盗将他关起来，派人送信到罗马索要大笔大笔的赎金，否则就不放人。恺撒知道如果钱不送来的话，他就会被杀掉。可能即使钱送来了，他还是会被杀掉。但他不仅不害怕，还告诉海盗们如果他能活着回罗马，一定带着一支舰队回来，到时候一个海盗都不会放过。不过，最后钱送来了，恺撒被放回去了，但他说到做到，回来追捕他们，一如他所说的那样，把他们都抓起来了。然后，按照罗马人惩罚盗贼的方式，将他们全部钉死在十字架上。

那时，罗马帝国一些偏远的属地总是不断地起兵反抗，这就需要一位大将统领军队去平息叛乱。因为恺撒在与海盗的交战中表现得英勇无畏，于是被派遣去与两个遥远的属地作战，分别是西班牙和西班牙北边一个叫高卢的地区（就是现在的法国）。

恺撒征服了这些地区。然后他用拉丁语记录下他的战役。如今，这本名为《高卢战记》的书通常是学习拉丁语的人必读的第一本书。

帝国的新将领

公元前 55 年，恺撒乘船横渡到了大不列颠岛，征服了岛上大部分地区。

恺撒将罗马帝国西部的广大地区都征服了，并且管理得井然有序，因此他声名远扬。除此之外，他还深受手下士兵的爱戴。

在这个时期，罗马还有一位将军名叫庞培。与恺撒征战西部的同时，庞培在罗马帝国东部的征战也节节胜利。他们曾经是挚友，但是当他看到恺撒征服了那么多的土地又那么受士兵们爱戴的时候，他对恺撒有了嫉妒之心。

于是，正当恺撒征战在外的时候，庞培去了罗马的元老院，说服议员们下令要恺撒交出兵权，返回罗马。

恺撒接到命令后，认真考虑了一段时间。最终，他决定返回罗马，但是他并不愿意交出兵权。相反，他决定领军接管罗马。

罗马元老院

埃及女王

在恺撒掌管的地区和罗马城之间有一条小河叫“卢比孔河”，罗马法律禁止任何将领带兵越过这条河。

当恺撒决心不再服从元老院后，他跨过了这条卢比孔河，率领着军队朝罗马进发。庞培听说后，就立即逃往希腊。几天后，恺撒胜利了，成了整个意大利的头领。随后恺撒追去了希腊，在一次战役中把庞培打得惨败。

就这样，恺撒成了整个罗马帝国的最高统治者。

埃及当时还不属于罗马。恺撒随后去征服了这个国家。那时候统治埃及的是一位美丽的女王，名叫克利奥帕特拉。克利奥帕特拉魅力非凡，她把恺撒迷得神魂颠倒，几乎忘记了一切。尽管他占领了埃及，但是他允许克利奥帕特拉继续做埃及的女王。

就在此时，在帝国的最东部有一些人挑起了战争，想摆脱罗马的统治。恺撒离开了埃及，迅速来到叛乱地点，很快镇压了他们，然后，他派人把捷报送回了罗马。

信中只有 3 个拉丁单词：“Veni, vidi, vici.”意思就是“我来了，我看见了，我征服了”。恺撒回到了罗马，这时罗马人民都想让他当君王。但是，人们不喊他君王，因为罗马人过去对君王既怕又恨，自从公元前 509 年塔克文被赶走之后就再没有君王了。

恺撒之死

但是，有些人觉得恺撒权力过多，认为让他成为君王将是十分可怕的。因此，他们商定了一个阴谋。策划人中有一个叫布鲁图，他曾是恺撒最好的朋友。

等到恺撒要去元老院的那天，他们埋伏以待。就在恺撒正要进元老院的时候，密谋者一拥而上把他围起来，纷纷拔剑地向他捅去。

【法】让·莱昂·杰罗姆《恺撒之死》

恺撒大吃一惊，试图自卫，但是他随身带的只有书写用的铁笔，尽管有名言说："笔诛胜于剑伐"，可显然这支笔现在没什么作用。最后，当恺撒看到布鲁图——他最好的朋友——向自己刺来的时候，他放弃了抵抗，倒地身亡。这件事发生在公元前 44 年。

当时有个人叫安东尼，他是忠诚于恺撒的朋友之一，他站在恺撒的遗体旁发表了一篇演说，措辞激烈，让聚集在周围的人听了以后怒火中烧。

莎士比亚写过一部戏剧叫《尤利乌斯·恺撒》以纪念恺撒大帝。7 月（July）就是以恺撒的名字"Julius"命名的。

那么，你认为安东尼所说的"罗马人中最高贵的那个人"是谁？

尤利乌斯·恺撒？

不，你错了。

是布鲁图，那个刺杀恺撒的好朋友，才是被称为"罗马人中最高贵的人"，是不是很意外？

后来，德国的统治者被统称为"恺撒"，意思为独裁的统治者。

屋大维 被奉为神明的皇帝

Octavian

区位｜欧洲 · 意大利　时间｜约公元前 40 年

如果一个城市或街道是以一个人的名字命名的，那么他一定很出名。

我们接下来要说的这个人，人们不但以他的名字命名一个月份，还把他奉为神灵。

年轻的帝国统治者

恺撒被杀之后，三个人共同统治了罗马帝国。一个是恺撒的朋友安东尼，正是他在恺撒的遗体旁发表了那篇著名的演说；另一个是恺撒的义子，名叫屋大维；还有一个人你就不必知道了，因为他很快就被安东尼和屋大维除掉了。但是没多久，另外两个就开始盘算起对方的领地。

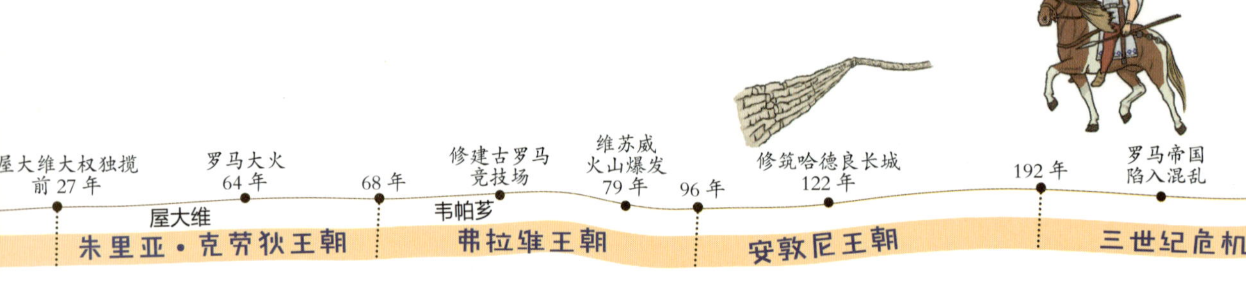

安东尼统治的是帝国的东部，这部分的都城是埃及的亚历山大城。在埃及，安东尼像之前的恺撒一样，也爱上了克利奥帕特拉，最后娶了她。

帝国西部属于屋大维，但后来他出兵打败了安东尼和克利奥帕特拉。安东尼受不了这样的结局，就自杀了。

他的遗孀克利奥帕特拉随即去迷惑屋大维，希望他也能爱上自己，从而赢得他的信任。

可惜屋大维与恺撒、安东尼不是同一类的人。他冷酷无情，讲求实际。他对谈情说爱不感兴趣，他可不会因为女人放弃自己雄心壮志，他的目的是要成为世界上最伟大的人！

屋大维

克利奥帕特拉看到美色对于屋大维丝毫没用，又听说自己要被带回罗马游行示众，像那些战争中的俘虏一样。她无法忍受这样的羞辱，因此，她解开胸前的衣服，手拿一种叫角蝰的毒蛇，让它咬了自己一口，她就这样死了。

屋大维现在成了整个罗马帝国的统治者，当他回到罗马的时候，罗马人民高呼他为“皇帝”。这是在公元前27年。从这个时候开始，罗马有了皇帝，

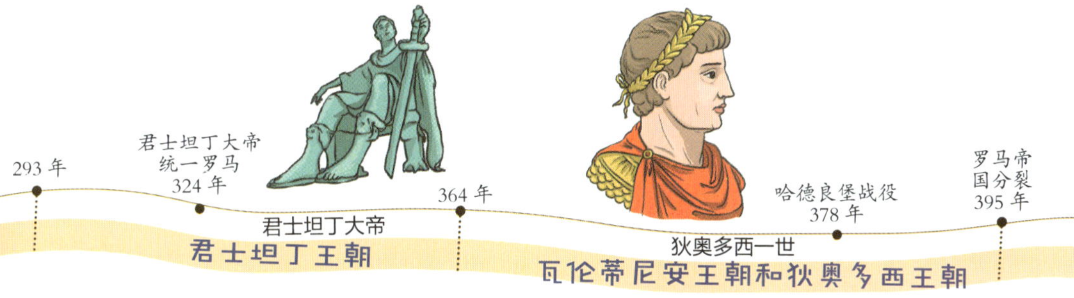

皇帝比国王的权利更大，因为皇帝统治着很多国家。

屋大维·奥古斯都在成为罗马帝国伟大的皇帝时只有36岁。罗马是这个庞大帝国的都城，其地位更是非同寻常。

美丽的罗马城

现在奥古斯都开始集中心思，要将罗马变成一座美丽的城市。他拆掉大量砖造的旧建筑，用富丽堂皇的大理石新建筑替代。奥古斯都总是夸口说他得到的罗马是砖做的，而留下了的罗马却是大理石造的。

罗马最精美的建筑之一是万神庙。它的意思就是所有神灵的庙宇。

万神庙有个用砖和砂浆砌成的巨大的圆屋顶，穹顶的正中有个圆孔，是这座建筑唯一的“窗户”，但是，即使是在阴天，也有足够的光线透过它射进来，让你清楚地看到整个神殿富丽堂皇的内部。

在这些辉煌建筑的衬托下，整个罗马城变得宏伟壮观，看上去会长盛不衰，以至于被称作“不朽城”，直到现在，还有人这么称呼罗马。

罗马有个公共广场，叫作“公共集会场所”。这里有很多集市，人们都聚在这里买各种各样的东西。广场四周建起了神庙、法庭和其他公共建筑物。罗马法庭有点像希腊人的庙宇，只不过圆柱是建在建筑物的里面，而不是外面。

为了庆祝重大胜利，罗马还修建了一些凯旋门。当远征的英雄凯旋时，他和军队就会以庆祝胜利的游行队伍的方式穿过这样一座拱门。

罗马曾有一座巨大的露天圆形竞技场，相传，它容纳的人数比迄今为止任何一座建筑都多——能容纳20万人。后来，为了给其他建筑物腾出地方，把它拆掉了。

另一座竞技场就是罗马斗兽场，但它是在奥古斯都死去一段时间后才建成的。它容纳的人数和现在最大的体育场一样多。我们之前说的那些角斗士的格斗，就是在这里进行的。这个斗兽场至今还在那里，不过已经破败不堪。你还能坐在古罗马皇帝曾经坐过的位子上，看到那些关押野兽的洞穴，还有它们被放入斗兽场的门，甚至还能看到一些被杀死的人和野兽留下的血迹。

屋大维·奥古斯都在位期间曾出现了很多著名的作家，所以这个时期被称作“奥古斯都时代”。最著名的两个拉丁诗人维吉尔和贺拉斯就生活在这个时代。维吉尔写了《埃涅阿斯记》，讲述的是特洛伊人埃涅阿斯在特洛伊陷落后的流浪故事，还记得埃涅拉斯吧？他就是罗马城开创者的曾曾曾祖父。贺拉斯写了很多叫作“颂歌”的短诗，多数都是讲牧羊人和牧羊女的爱情和田园乡村生活。人们非常喜欢他的诗歌，即使现在许多人还给他们的儿子取名为贺拉斯。

在奥古斯都死后，人们把他奉为神明。人们为他建造了庙宇，把他作为神来崇拜，并且以他的名字命名八月（August）这个月份。

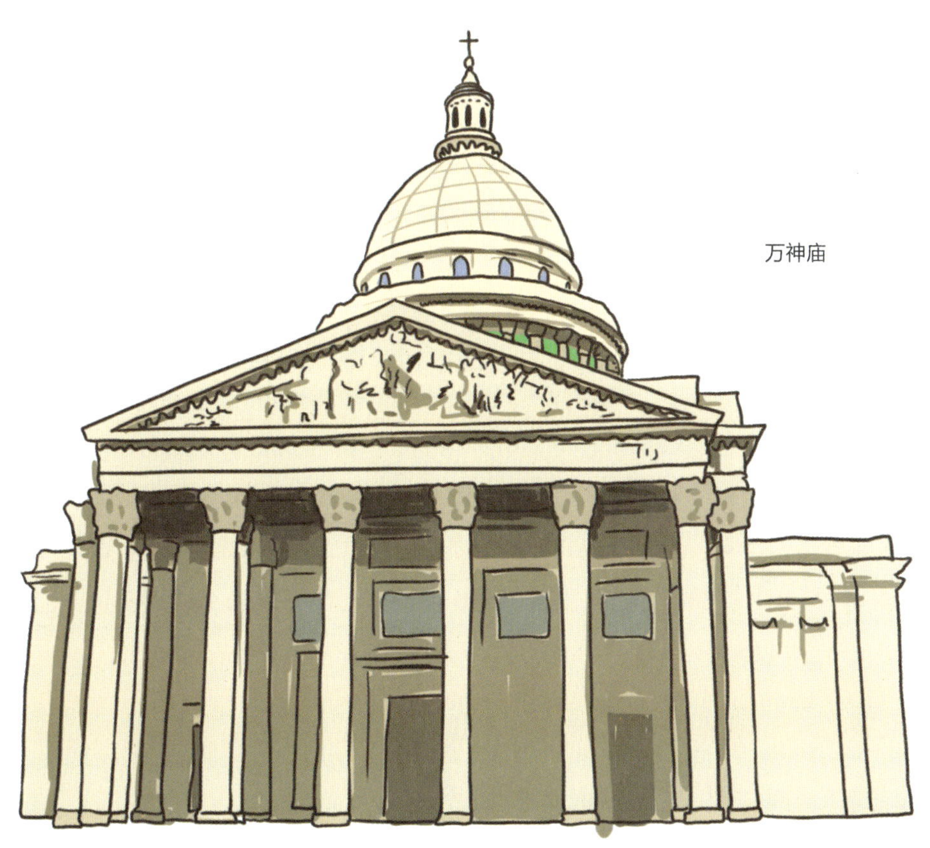

万神庙

耶稣 神爱世人，赐子耶稣

Jesus

区位｜欧洲·意大利　时间｜公元元年

屋大维·奥古斯都曾是整个罗马帝国的统治者。

他执政期间，把罗马建设成了一个宏伟壮观的城市。人们都说，他得到的罗马是砖做的，而留下的罗马是大理石做的。

人们用他的名字来命名八月，而且他死后还被奉为神明！

当时世界上应该没有人会比他更伟大了！但是，有个人与奥古斯都生活在同一个时代，却比他更伟大——不过奥古斯都本人对他一无所知。这个人出生于罗马帝国东部一个叫伯利恒的小村庄，这个人就是耶稣。

圣子耶稣

耶稣是个犹太人，他的父亲是一个木匠。青少年时期，他在父亲的店里工作，过着简单、宁静的生活。直到 30 多岁之后，才开始传教布道。随后，他开始教诲人们基督教的教义。

他教诲人们，这个世界上只有一个上帝。

他教诲人们要互相友爱，教诲人们应该爱人如己。

他教诲人们《圣经》中黄金法则："你想别人怎样待你，你也要怎样待人。"

他教诲人们，人死后有另一个世界，我们短促的一生只是为来生做准备；因此，要积德行善，才能"积攒财宝在天堂"。

【意】弗朗切斯卡《基督诞生》

有些犹太人倾听了耶稣的宣讲，十分相信他所教诲的一切。他们认为耶稣可以把他们从罗马人的统治下解救出来，因为他们对罗马人的暴政已痛恨万分。然而，有些祭司则对耶稣的教诲心存忌惮。他们担心，由于耶稣的存在，会让他们失去权势。于是，他们密谋把耶稣处死。

但是，在当时，如果没有所属地区的罗马长官的同意，这些祭司是不能得逞的。于是，他们就去找耶稣所在地区的法官彼拉多，告诉他耶稣试图要称王。

这些祭司知道彼拉多一点都不关心耶稣所宣传的宗教。那时，罗马帝国内有各种各样的宗教信仰，多一个新宗教对罗马人来说没什么影响，并不能因为这一点就将他处死。所以，祭司们企图使彼拉多相信耶稣试图称王，那才构成一项严重罪行，足以使耶稣钉十字架。

虽然彼拉多对祭司们的控告并不怎么相信，但是他为了让自己的统治不出乱子，也想讨好这些祭司，于是答应了他们的要求。耶稣就这样被钉死在十字架上了。

殉道的使徒

耶稣生前曾选了12个犹太同胞同他一起传教。这12个人被称为“使徒”。耶稣被处死后，使徒四处游历向众人传布耶稣对他们的教诲。那些信仰并追随耶稣教导的人被称为基督的门徒或基督徒。使徒代表老师，而门徒是学生。

有一件事基督徒绝不能做——敬奉罗马皇帝。罗马人认为这些基督徒想要开创一个新的世界帝国，并要和罗马以及罗马皇帝作对，应当把他们抓起来关进监狱。因此，基督徒都是在秘密的地方集会，有时甚至在地下，以免自己暴露、被抓。

渐渐地，基督徒的领导者变得大胆了。他们从秘密集会的地方走出来，公开地传教布道，虽然他们知道自己迟早会被关进监狱，很可能还会被处死。但他们对耶稣教导的信仰已是坚定不移，甚至愿意牺牲自己的生命，就如耶稣为了他们而死在十字架上一样。

在耶稣死后100年内，许许多多的基督徒被处死。那些为了基督而牺牲的基督徒被称为“殉道者”。第一位殉道者名叫司提反，他在公元33年被人用石头砸死。

耶稣

在帮忙处死司提反的人中有个人叫扫罗。扫罗是一名罗马公民，他认为基督徒是国家的敌人。但是后来，扫罗忽然改变了态度，开始信仰起基督教来。之后他成了一名使徒，人们用他的罗马名叫他保罗。

保罗四处传播基督教，也被判死刑。不过，他是罗马公民，而非罗马公民的普通法官是不能处死罗马人的，也不能用钉死在十字架上这种办法来处决他。于是，保罗向罗马皇帝上诉，但是他还是被关进了罗马的监狱，随后被斩首。现在他被称为“圣保罗”。

彼得是另一位主要使徒。耶稣曾对他说：“我把天国的钥匙给你。”后来，彼得也被关进监狱，被钉死在十字架上。他要求被钉的时候头朝下，就像耶稣那样。很久之后，在彼得被处死的地方，罗马建成了世界上最大的教堂，也就是圣彼得大教堂。

后来，耶稣诞生之前的时间都称为公元前，他诞生之后的时间则称为公元。

基督教的合法化

说来也奇怪，虽然不断有基督教徒受到迫害，基督徒却越来越多。他们坚定地相信有死后的世界，并且认为如果是为基督而死，那死后他们会非常幸福，因此，他们甘愿吃苦受难。直到罗马皇帝自己下令制止这些迫害。

大约公元 300 年，罗马有个皇帝名叫君士坦丁。君士坦丁敬奉的是古罗马那些神灵。

有一次，君士坦丁带兵和敌人作战，一天晚上，他做梦看到天空中有一个燃烧的十字架。十字架下方写着一行拉丁文字“In hoc signo vinces”，意思是“靠此神迹，你将胜利”。君士坦丁认为，如果他带着基督教的十字架战斗，就一定能征服敌人。于是，他让士兵们在盾牌上做了个十字架标记，果然打了胜仗。之后，君士坦丁宣布基督教在罗马帝国合法。据说，君士坦丁在临死时，受洗成为基督徒。从那以后，所有罗马皇帝——只有一个除外——都是基督徒。君士坦丁的母亲叫海伦娜，也成为了基督徒。她把毕生的精力都奉献给了基督教事业，还在伯利恒和橄榄山都建造了教堂。据说，她去了巴勒斯坦，找到了300 年前钉死耶稣的十字架，将其中一部分送到罗马。她死后被封为圣徒，现在，人们都称她为圣海伦娜。君士坦丁在据称是圣彼得受难的地方建了一座教堂。许多年后，这座教堂被拆除——为了在原地建造一座更大、更宏伟的教堂来纪念圣彼得。

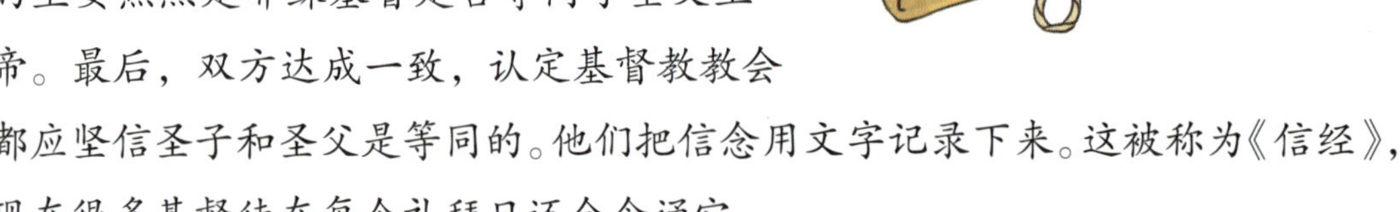
信经

君士坦丁不喜欢罗马城，他更愿意住在罗马帝国东部的另一个城市，这个城市叫拜占庭。于是，他把那里作为他的都城。拜占庭城又叫新罗马城，之后改名为“君士坦丁之城”，后来又简化为“君士坦丁堡”。

罗马帝国刚成为信仰基督教的国家，教徒内部就产生了一场争论，争论的主要焦点是耶稣基督是否等同于圣父上帝。最后，双方达成一致，认定基督教教会都应坚信圣子和圣父是等同的。他们把信念用文字记录下来。这被称为《信经》，现在很多基督徒在每个礼拜日还会念诵它。

在君士坦丁时代以前，罗马帝国每周都没有假日。君士坦丁认为，基督徒应该每周有一天专门礼拜上帝——这一天非常神圣——所以，他把星期天定为基督徒的休息日，他们无须工作，专门礼拜上帝。

虽然君士坦丁是整个罗马帝国的首领，但是还有一个人，世界上所有基督徒都把他视为精神领袖——那就是罗马主教。罗马的主教后来演变为“教皇”，千百年来，无论这些基督徒居住在哪个国家，教皇一直都是他们的精神领袖。

第 23 章

日耳曼人 欧洲人凶猛的祖先

Germans

区位 欧洲 · 莱茵河以东　时间 公元前 6 世纪左右

好战的日耳曼民族

当罗马城和罗马帝国过了全盛时期，这个帝国也开始慢慢走向衰落，轮到罗马被别的国家所征服了，可你大概猜不到是哪里的人将征服罗马，并成为下一个世界霸主。

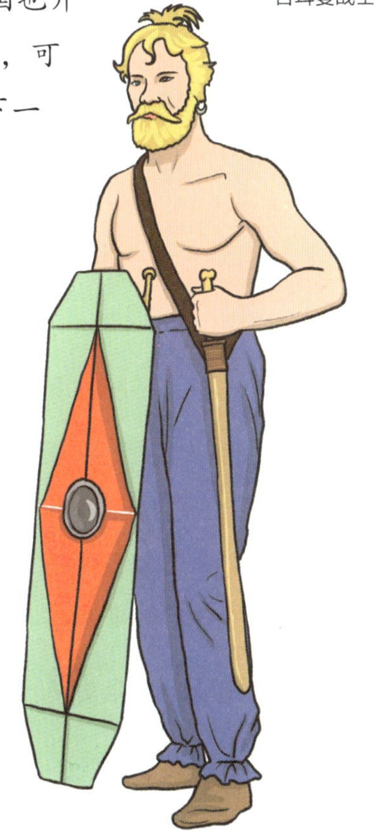

日耳曼战士

几千年来，日耳曼部落一直生活在罗马帝国的北部边界地区。他们时不时地越过边界，因此，罗马人不得不经常和他们交战，把他们赶回他们自己的领土。罗马人把这些人叫作“野蛮人”，他们认为野蛮人都是凶猛、好战的。

大多数日耳曼人都是蓝色眼睛，浅色头发，也就是我们现在所说的金发碧眼。

有一些日耳曼人已经迁移到罗马帝国，但他们多数都生活在人烟稀少的地区。他们住在小木屋里。女人们种菜，饲养牛马；男人们打猎，作战和打铁。

每当男人们出去作战，他们都戴着猎物的兽头，比如：公牛的头、角，或是狼、熊和狐狸的头。这样可以让他们看上去显得凶狠，让敌人感到害怕。

“勇敢”是那个时候男人们最看重的事情。男人可以撒谎，可以偷窃，甚至可以杀人，但如果他是个勇敢的战士，就可以说是个好人。日耳曼部落没有国王，他们的首领通过选举产生，当然，他们总是选出最勇敢、最强壮的人。不过，首领的儿子不能成为他的继任者，这样看，部落的首领更像是我们今天的总统。

大约在公元400年时，这些日耳曼人成了罗马人最头痛的麻烦。他们开始流窜进入罗马的北部地区，几年之后，罗马人再也不能把他们驱逐出去了。在日耳曼的部落中，有两个部落进入了不列颠地区并在那里安顿下来，他们分别是盎格鲁人和撒克逊人，很多年后，就变成了现在的“英格兰”。

另一个叫汪达尔的部落进入高卢地区，高卢就是现在的法国。随后，他们继续南下到西班牙，在那里烧杀抢掠。后来，他们又乘船到达北非。他们走到哪里，就在哪里大肆破坏。

在汪达尔部落之后，有一个叫法兰克的部落进入了高卢，他们后来就在那里定居下来，并称那个国家叫“法国”。

在遥远的东北部分布着一个部落，罗马人和日耳曼部落的人都认为那里的人们凶猛无比，他们就是匈奴人。匈奴人的故乡在遥远的东方森林里，当时人们对那里一无所知。

就连勇猛的日耳曼人都有点害怕匈奴人。

有一个叫阿提拉的匈奴首领，

星期与神灵

日耳曼人信仰的主神是战神沃登。星期三（Wednesday）就是以沃登（Woden）的名字命名的。托尔是排在沃登后面的另一位最重要的神灵，星期四（Thursday）以前就是以托尔（Thor）的名字命名的。另一位神叫蒂乌（Tiu），人们以他的名字命名了星期二（Tuesday）。还有一位神灵叫弗蕾亚，星期五（Friday）就源于她的名字“Freya”。因此，我们的一周7天中有4天都是以日耳曼神灵的名字命名的，剩下的那3天，星期天（Sunday）和星期一（Monday）当然是以日（Sun）、月（Moon）而命名的。而星期六（Saturday）是用一位罗马神灵萨杜恩（Saturn）的名字命名的。

他曾经吹嘘，凡是他的马踩过的地方，寸草不长。阿提拉率领匈奴人从东一路扩张，差不多打到了巴黎，他们将所到之处都夷为平地。最后，罗马人和日耳曼人联合起来前去抵抗匈奴人，他们在离巴黎不远的一个叫沙隆的地方展开了激烈的斗争，这就是历史上著名的“沙隆之战”。

日耳曼人拼死战斗，疯狂搏杀，最后打败了匈奴人。

古代史结束，中世纪的到来

罗马城日渐衰落，最终在公元476年失陷。

从此，以罗马为都城的西罗马帝国四分五裂，分别被不同部落的日耳曼人统治。只有以君士坦丁堡为都城的东罗马帝国还继续存在。

人们把公元476年作为古代史的结束。

下一个新时代被称为“中世纪”或“中古时代”，起始于476年，延续到1453年。

中世纪的早期，从476年到大约1000年的时候，欧洲的大部分人口都属于日耳曼民族。他们很快就从罗马人那里学到了很多东西，甚至在他们征服罗马之前，他们中的大多数人就已经成了基督徒，他们还学习拉丁文。

统一的罗马帝国变得四分五裂，那些来自西班牙、意大利和高卢这些不同地区的人们很少有相互交流的机会。许多年后，他们开始使用不同的表达方式，几个世纪过去了，他们都不再讲陈旧、古典的拉丁文，而是形成了西班牙语、意大利语和法语这些真正新的语言。

阿拉伯人 伟大的创造者

The arabs

区位 | 西亚、北非　时间 | 公元 700 年左右

阿拉伯数字

你也许读过童话故事《一千零一夜》吧，这本书的原名其实是《阿拉伯之夜》，我们今天要说的就是阿拉伯的天下。

在穆罕默德死后的 100 年间，伊斯兰教徒征服了中东和北非地区。此后不久，他们又征服了波斯和东边更远的地方。渐渐地，他们的帝国就比以前的罗马帝国还要庞大。尽管伊斯兰教徒没能征服欧洲的大部分地区，可是多年来，欧洲人也从他们那里学到了很多东西。

腓尼基人发明了文字的字母表，而印度人则发明了阿拉伯数字，就是我们现在算数上用的 1、2、3、4 等。可因为是阿拉伯人把这种数字带到了欧洲，在全世界得到广泛传播，因此我们它称为阿拉伯数字。

当时，罗马人用字母代替数字：字母 V 代表 5，X 代表 10，C 代表 100，M 代表 1000。你想想一个罗马孩子要把这些数目加起来该有多难！

我们不能像使用阿拉伯数字那样把这些数字相加。你要想用罗马数字做乘法或除法，那就更不可能了。

```
     IV
    XII
     MC
  XC II
+   VII
-------
      ?
```

聪明的阿拉伯人

阿拉伯人的贡献可不仅仅是数字，还有一件事：

阿拉伯人建造了很多漂亮的建筑，这些建筑物与希腊人、罗马人及基督徒建的那些建筑很不一样。它们的门、窗既不是方的也不是圆的，通常都是马蹄形的。在清真寺顶端，他们喜欢加上洋葱状的圆屋顶，在清真寺旁的角落，他们建起尖塔或光塔。他们用漂亮的马赛克和几何图案装饰墙壁，避免仿照任何自然物。这些图案被称为“阿拉伯石花纹”。

在阿拉伯，有一种小浆果，浆果里面有种子。绵羊似乎很喜欢，它们每次吃过浆果后显得很有活力。后来，阿拉伯人自己也试着吃这些的种子，也觉得精力充沛。于是，他们把这些种子烘焙出来，再碾碎，放到水里煮开，做成一种饮料。对，你是不是已经猜出来了——就是咖啡——现在全世界的人都喝咖啡。

还有一种饮料是用葡萄做的，阿拉伯人发现当葡萄汁或者谷物变质了，就像我们今天所说的“发酵”，就会变成一种奇特的口味，他们称之为“酒精”。伊斯兰教徒不喜欢人们饮酒后的表现，所以他们禁止任何教徒喝含有酒精成分

阿拉伯建筑

【法】让·莱昂·热罗姆《地毯商人》

的饮料，比如葡萄酒、啤酒或威士忌。

以前人们用来做衣服的毛料布是用绵羊或山羊的毛制成的，所以很昂贵。阿拉伯人发现了另一种植物，就是棉花，用棉花制成的布料不仅质量好，还很便宜。然后，为了让它看上去更好看，阿拉伯人又用各种形状的木块蘸上颜料在布上印出各种图案。阿拉伯人发明的这种印花布料叫“印花布”。

阿拉伯人还会用一种奇妙的钢材做成刀和剑，即便刀身被弯个对折也不会断。

据说，这种刀非常锋利，连漂在水中的极纤细的头发都能砍断，而在今天，只有最锋利的剃刀才能做到，然而它同时又非常结实，甚至能砍断铁块。制作这种刀剑的地方，处在东部的大马士革，今天的叙利亚境内，另一处在西部的托莱多，今天的西班牙境内。不幸的是，制作这种宝刀的手艺已经失传了。

在曾经巴比伦城遗址的附近，阿拉伯人建了一座叫巴格达的城市。如果你读过《一千零一夜》，那你一定知道，因为书里的大部分故事中都说到过巴格达。阿拉伯人在那儿建了一所名气很大、经久不衰的学校。

《一千零一夜》

阿拉伯人和腓尼基人、犹太人同属于闪米特族。他们既和腓尼基人一样聪明，又像犹太人那样，笃信宗教。

他们还抄写和保存像亚里士多德这样的希腊诗人和哲学家的著作。罗马帝国灭亡后，这些著作多数在西欧已经失传，是伊斯兰教的学者珍藏了这些著作，并在数百年之后把它们交还给欧洲人去学习和研究。

中世纪 黑暗的城堡制度

The middle ages

区位|欧洲 时间|约公元 1000 年

平民也能住城堡

也许你以为，只有童话故事里的王子和公主才可以住城堡。

但是大约在公元 1000 年，欧洲几乎每个地方都有城堡，并不是童话中的那种，而是平常人居住的真正的城堡。

公元 476 年罗马衰亡以后，罗马帝国四分五裂，其版图就像地图拼图的碎片。后来人们就在这些版图碎片上修建城堡，一直修建到 15 世纪初。

当时，任何一位统治者，不管是国王还是王子，每当他征服了另一位统治者，就会将一些占领的土地奖赏给随他征战的将军们。这些将军又会把这些土地再赏赐给他部下的各个头

城堡

领。这些获得土地的人被称为领主或贵族，但他们也被称为领主的封臣。每位封臣必须承诺永远追随领主战斗，而且需要庄重地发誓，这样誓言似乎更有约束力。封臣必须在领主前跪下，郑重地宣誓表示随时效命。这就叫作“宣誓效忠”。此后每年至少进行一次同样的宣誓。这种分封土地的方式被称为封建制度。

随后每个领主或贵族都在受封的土地上建造城堡。在城堡里，领主像一位小小的国王那样生活。城堡不仅是他的家，还是保护他的堡垒，防止其他领主的进犯。城堡通常建在山顶或悬崖上，城墙至少有10英尺厚，城墙四周通常环绕着注有水的壕沟，叫“护城河”，让敌人更难攻进城堡。

城堡——有城墙的小镇

在没有战争的和平时期，人们在城堡外的土地上耕种。但是当贵族打仗的时候，所有人就带上粮食、牲畜和其他东西，撤退到城堡里面，这样就算一直打仗，他们也可以在城堡里住上几个月甚至几年。因此，每个城堡都很大，足以长期容纳大量的人和牲畜，其实就像是一个有城墙的小镇。

中世纪，城堡里的很多事情都需要女人来管理——做饭、纺线、织布、监督仆人以及看管牲畜。男人外出作战，几个月甚至几年不归，妇女就负责所有的农活，还要计算开支过日子。那时战争频繁，许多妇女成了寡妇。这种情况下，她们就要承担整个家庭的重担。

在城堡里还有很多小屋子，

城堡、吊桥、护城河和骑士

【荷】林堡兄弟《三月》

供人们居住、饲养牲口、做饭和储存食物。当然，城堡的主建筑是领主本人的房子，这是城堡中最坚固的部分。

城堡主楼最大的房间是大厅，就像我们现在的客厅和餐厅。他们用又长又宽的木板作为饭桌，就餐后，就把木板拿下收起来。那时没有餐叉、餐勺、盘子、碟子和餐巾。人们用手抓饭吃，边吃边舔手指或者把手指在衣服上蹭蹭。人们随手就把骨头、碎屑扔在地上或喂狗。真是到处都脏兮兮乱糟糟的！

饭后，一家人聚在一起，靠吟游诗人唱歌、讲故事给全家人解闷，度过漫长的夜晚。在中世纪，这样的吟游诗人非常多，他们专门表演、唱歌、逗乐子，为宾客提供消遣。

城堡非常坚固，像这样住在里面领主和臣民貌似很安全。若是打仗，敌人必须先渡过护城河或壕沟。有一座吊桥横跨护城河，直通城堡的入口或大门。战时，吊桥升起，没有其他办法可以进入城堡。任何试图渡河的人都会遭到投下的石头或泼下来的熔化的柏油的攻击。

但是世界上没有不透风的墙，敌人会建造有轮子的木制高塔，推动轮子让木塔尽可能地接近城墙，敌人就从高塔顶端直接向城堡里射箭；或者从城堡外挖掘地道，从地下通过护城河和城墙，到达城堡内部；或者建造巨大的称为攻城槌的机械，用来撞倒城墙；或者使用大弹弓似的机械投掷石头越过城墙。

【荷】林堡兄弟《七月》

农奴的悲惨生活

当时的贵族及其家人都是非常富有的，而他的手下几乎像奴隶一样。和平时期，大多数平民百姓都在城堡外的土地上生活。领主常常很吝啬，尽可能少地给予他们，却尽可能多地搜刮他们。虽然领主也照看他们，可那只是因为这些人为他打仗，为他服务，就像他养马是为了骑它，养牛为了喝牛奶一样。

这些干活的平民被称为“农奴”。有时农奴再也无法忍受这样的生活，就会逃跑。如果在一年零一天内没有被抓住，那他就自由了。但是如果农奴在这一期限内被抓住了，那他则要面对非常残酷的惩罚——领主可以鞭打他、用烧红的铁块在他身上烙上印记，甚至砍掉他的双手。事实上，领主可以对农奴为所欲为，只要不杀掉他们或卖掉他们。

这样的封建制度是不是很残酷？

骑士 骑士修炼记

Knight

区位 | 全欧洲　时间 | 约 11 世纪末期

你想成为一名骑士吗?

前面我们说的城堡，那个时期在历史上也被称为“骑士时期”，指的是绅士和淑女的时期。贵族及其家庭成员是绅士和淑女，而其他人大部分人，只是平民。

平民不能读书，除了学习干活的技能，什么也不学。不过城堡领主的孩子们则要接受严格的教育，即使只教他们两件事情——怎样做绅士和怎样打仗。

贵族领主儿子的成长过程一般来说是这样的：和母亲在一起待到 7 岁。满 7 岁时，他被称为贵族的侍童或骑士侍童，一直做到 14 岁。在这段时间里，他是个小听差，主要任务是侍候城堡里的女士们，替她们跑腿、传信，服侍她们进餐，等等。他也学习骑马，学做勇敢、有礼貌的人。

14 岁时，他就是一名骑士扈从了，在接下来的 7 年里，就是说，直到他 21 岁，他的工作是服侍绅士，照料骑士的马匹，跟随他们上战场，牵着另一匹马，扛着另一支长枪或长矛，以备不时之需。

21 岁时，如果他是一名表现良好的骑士侍从，而且已经学会了所教的课程，那么他就成了一名骑士。

“授予你骑士称号”

成为骑士，就像毕业典礼，需要办一场重要的仪式。因为，这对于一个男孩来说，说明他已经成年了。

仪式前，首先他要沐浴。也许现在看来不值一提，但是那时能洗一次澡却非常难得。沐浴更衣后，他要在教堂里祈祷整整一晚上。当太阳升起时，他再来到所有人面前，庄严宣誓：

要勇敢，正直；

要为基督宗教而战；

要保护弱者；

要尊重女士。

接着，有人会为他系上一条白色皮带，在他的靴子上扣上金色的马刺。这些做完以后，他跪下，领主一边用剑背在他双肩上拍打几下，一边说：“我授予你骑士爵位”。

骑士投入战斗时都身披铠甲，还戴着头盔或铁制头罩，这样可以保护他免受敌人弓箭和长矛的伤害。

骑士们全身被盔甲包得严严实实，双方混战在一起的时候，他们根本无法区分谁是敌谁是友。

所以骑士一般都会在铠甲上的外衣上做一个标记，比如狮子，或者植物图案，或者玫瑰图案，或者十字形图案或其他饰物，这种图案被称为盾徽。

要想成为一名合格的骑士，首先他要被教育成一名绅士，所以现在有时候我们仍然

【英】艾德蒙·布雷尔·莱顿《骑士受衔仪式》

把一个举止文雅、谦恭有礼，尤其对女士彬彬有礼的人，说他具有骑士风度。

当骑士走在贵妇人面前，会摘掉头盔，意思是“你是我朋友，所以我不需要头盔”。这就是为什么如今的绅士们遇见女士要脱帽致敬。

骑士的游戏

对于一名骑士来说，最重要的事情是打仗。甚至他们平时的游戏都是打仗比赛。

每个国家、每个时代都有自己的比赛或运动，从中获得不同寻常的乐趣。希腊人有奥林匹克运动会，罗马人有角斗士比武，我们现在有足球和棒球比赛。但是骑士们的主要运动是一种战斗模拟，被称为马上比武大会。

带着猎鹰的骑士

比武大会在“比武场”举行。民众都会聚集到比武场周围观看模拟战，就像如今观众看一场盛大的足球比赛一样，摇着旗帜，吹着哨子。骑士们骑着马，在两端各就各位。他们会把长矛的尖端裹住，这样就不会造成一点伤害。比武开始，骑士们就冲向场地中央，将另一方骑士挑下马者为胜利者，将得到一位贵妇人授予的一条绶带或一份纪念品。骑士非常看重这样的胜利纪念品，就像今天的冠军看待赢得的奖杯是一样的。

骑士们非常喜欢带着狗打猎。他们打猎时还会带上一种训练过的鸟——猎鹰。猎鹰像猎狗一样受过训练，会捕捉像野鸭、鸽子这样的鸟，或一些小动物。不过男人通常更喜欢猎取长着锋利獠牙的野猪，因为野猪凶猛危险，更有挑战性，这才像男人的运动。

波罗兄弟 会讲故事的威尼斯商人

Polo brothers

区位 亚欧 · 意大利与中国 时间 约 1260 年

遥远的东方国度

在意大利的北部，有一座建在水上的城市。水道相当于街道，船只代替了马车。这座城市叫威尼斯。大约在 1260 年，威尼斯城里住着两兄弟——尼科洛 · 波罗和马泰奥 · 波罗。他们想去见识一下世界各地的风貌，于是这两个威尼斯商人出发了，向着太阳升起的方向去寻求冒险。

在距离英国很远的地方，

在太阳升起的地方，

有个国家，叫中国。

当时中国的皇帝叫忽必烈，他把元朝的都城建在大都，现在被称

元世祖忽必烈

13 世纪，蒙古族在历史悠久的中国建立了新政权，这是中国历史上首个由少数民族建立的大一统王朝。第一代领袖是一位非常勇猛的战士，叫成吉思汗。忽必烈是成吉思汗的孙子，也是元朝的开国皇帝，卓越的政治家、军事家。

为北京，统治着从父亲那里继承来的庞大帝国。他建造了富丽堂皇的宫殿，周围都是美丽的园林。

会讲故事的波罗兄弟

波罗兄弟一直向东，经过几年的旅行，他们终于来到了忽必烈的皇家园林和宏伟的宫殿。

当忽必烈听说从遥远的不知名国度来了两个古怪的白人，就想见见他们。他们给忽必烈讲了有关自己国家的所有的事情，还向他讲了基督教和一些他从未听说过的事情。

几年后，波罗兄弟回到了家乡威尼斯。

忽必烈皇帝对波罗兄弟和他们所讲的故事非常感兴趣，很想再见见他们，再听一些故事。1271 年，波罗兄弟又来到了中国，还带着尼科洛·波罗十几岁的儿子马可。这一次，忽必烈说服他们留下来，给自己讲更多的故事，作为回报，他会赏赐给他们贵重的礼物，后来还请他们俩做他的顾问和助手。波罗兄弟在中国待了很多年，他们学会了当地的语言，在中国变成了颇有影

觐见皇帝的波罗兄弟

响的大人物。

在中国待了大约20年后，波罗兄弟觉得该回家乡去看看自己的亲人了。他们请求回国，忽必烈虽然很舍不得，但最终还是同意了。

《马可·波罗游记》

他们离家太久了，又经过漫长的旅途，等他们回到威尼斯时，已经没有人认识他们了。他们几乎忘了自己的母语，说起话来就像外国人一样。经过长途跋涉，他们有点狼狈不堪，看上去像流浪汉，连亲戚朋友也都认不出他们了。

马可·波罗

波罗兄弟给镇上的人们讲了他们的历险经历，讲了那些极其富庶的国家和繁华的城市。大家听了只是觉得好笑，认为他们不过是在编故事而已。

于是波罗兄弟扯开破烂的外衣，从里面掉出来很多璀璨精美的珠宝、钻石——这些足够买下一个王国了。人们目瞪口呆，这才开始相信他们所说的事情。

后来，马可·波罗把他父亲（尼科洛）和叔叔（马泰奥）的故事讲给一个人听，这个人把这些故事记录下来，写成一本书，叫《马可·波罗游记》。直到今天你读这本书还是会很有趣，不过我们不能把他说的故事都当真。要知道，他夸大了许多事情，因为他想让人们对他的经历惊叹不已。

英法之战

历史上时间最长的战争

Battle of Britain and France

区位｜欧洲·英国与法国 时间｜1337 年—1453 年

百年战争

1338 年，英国国王是爱德华三世，当时他还拥有法国的一些土地，法国国王想把这些土地从他手里夺回去。而爱德华三世却想要统治整个法国，他还宣称自己是法国前国王的亲戚，更有资格统治这个国家，所以他对法国发动了一场战争，这场战争持续了 100 多年，史称“百年战争”，它是——

历史上时间最久的战争！

英国军队乘船出发，在法国登陆。1346 年，在一个叫克雷西的小地方，打响了第一场大战役。英国军队主要都是由百姓组成的步兵，而法国军队大部分是身着盔甲、骑着骏马的骑士。

骑在马上的法国骑士根本不把英国的步兵放在眼里，尽管他们都是贵族，受过专门的训练，还被盔甲保护得严严实实，但事实上，他们被英国一种叫作长弓的武器，打得一败涂地。在这次战役中英国人第一次使用大炮。虽然这些大炮没有起到多大作用，但这是个序幕，它预示着不久以后骑士、盔甲和封建主义的结束。

克雷西战争的油画

席卷欧洲的传染病

克雷西战役之后，欧洲爆发了一场可怕的传染病，学名叫作“淋巴结鼠疫”，人们通常称为“黑死病”。因为任何人感染了这种病，全身会出现很多黑点，而且在几小时或一两天之内必死无疑。没有任何希望，任何药物都没有效果。它像伯里克利时代雅典的瘟疫一样，不过这场瘟疫范围更广，在整个欧洲大陆广泛传播，死于这场瘟疫的人比在以往任何一场战争中死去的人都多。许多人刚发现自己染上病，就自杀了，这才是真正“吓死的”。

可怕的黑死病

14世纪，这场黑死病据说起源于中亚，1347年传播到欧洲，首先从意大利蔓延开，大约在1340年前后散布到整个欧洲，在全世界范围内造成了约7500万人死亡，夺走了2500万欧洲人的性命，占当时欧洲总人口的三分之一。

这场瘟疫持续了两年，千百万人感染上这种病。欧洲有三分之一的人因此而死去。经常是整个城镇都染了病，到处是倒地而亡的尸体——大街上、门口旁、市场里。

田里的庄稼都荒芜了，马和牛没人照看，在乡间四处乱窜。就连航海的水手也感染了黑死病，只剩下船在水上漂来漂去。

残酷的是，英法百年战争还在继续。曾参加过克雷西战役的士兵们已经死去多年了，他们的孩子长大后，接着作战，然后死去；他们的孙子长大成人，继续打仗，再死去……那时候，法国王子既年轻又懦弱，法国人几乎绝望了——他们没有强悍的领袖能够带领他们驱逐英国人。

圣女贞德

当时，在法国一个小村庄里，有一个叫贞德的牧羊女。她在牧羊时，看到了一些奇妙的幻象。她听到有声音在召唤她，还说只有她才能率领法国军队，将法国从英军手下拯救出来。于是，她把看到的幻象告诉了王子身边的贵族，但是他们根本不相信。

不过，为了试试，他们让另一个人坐在王位上假扮王子，而王子和贵族站在一边。当贞德走进大厅，她看了一眼那个假扮王子的人，接着，她毫不迟疑地直接走到真正的王子面前。她向王子跪下，对王子说："我是来带领你的军队走向胜利的。"王子将自己的旗令和盔甲赠予她，从此贞德一马当先领军杀敌。

法国士兵重新振作起来，他们浴血奋战、英勇万分，接连打了很多胜仗。

但是英国士兵却认为是魔鬼派来了贞德，他们非常惧怕她。最后，英国人把她俘虏了。可法国国王却根本没打算救她。

英国人把她当作女巫审判，并以此判她有罪，把她活活烧死在火刑柱上。

但是贞德似乎给法国带来了新生。从那时起，法国军力大增，经过100多年的奋战，终于把英国人从自己的国土上赶走了。在100多年的战争中，成千上万的人受伤、致残，英国也没有得到什么好处，还和战争开始时一样——百年来的厮杀只不过是白忙一场。

【英】杜德利·坦南特《圣女贞德》

指南针、印刷术和火药

神奇的中国发明

Compass, printing and gunpowder

区位 | 亚欧　时间 | 12—13 世纪

神奇的小魔针

大概在马可·波罗游历后回到祖国的时候，欧洲人开始听说并谈论起魔针和魔粉。有人说是马可·波罗从中国把这些东西带回来的，但是现在我们知道其实是阿拉伯水手把许多奇妙的东西从中国带到了地中海，这样欧洲人才知道了这些东西。

指南针

这种小魔针，一旦放在一根稻草上或托住它的中间部分，那么无论你怎样旋转，它的针都会永远指向北方。把它装进盒子里，就叫作“罗盘”，也就是我们今天的指南针。

也许你不明白，为什么这个小玩意会那么神奇。可正是因为这个小东西，使“发现新大陆”成为可能。

出海航行的水手就像一个被蒙住双眼的孩子。天气晴朗的时候，他们还能通过太阳或星星的方位判断出航行方向。但是当阴云密布时，他们就不知道该怎么走了。这时就很容易迷路，甚至有时船员们朝着相反的方向航行，都毫无觉察。

在使用罗盘之前，大多数水手都不敢去太远的地方，海岸线总在视野之内。

但是有了罗盘，即使在雷雨的天气里，水手们也能朝正确的方向航行。无论船只怎样打转、扭动或颠簸，小针总是指向北方。当然水手们也不总是要去北方，但是如果知道了哪个方向是北，他们就很容易辨别其他方向了。

传播文明的印刷术

在以前，欧洲各地没有一张报纸，没有一本杂志。所有的书籍只得用手写。这样的书自然没什么效率，而且价格昂贵。只有国王和少数贵族才有那么几本。如果教堂里有一本《圣经》，那可是珍贵得不得了，还要防止被偷。想想看，现在还有谁会去偷一本《圣经》呢！

印刷术最早是由中国人发明的。后来人们开始用更多的方法印制书籍。

据说是德国人古腾堡制作了欧洲第一本印刷书，你猜他印的是什么书？当然是人们认为最重要的——《圣经》呀！这本《圣经》花费了古腾堡5年时间，到1456年才完成。

书是怎样印刷出来的？

首先印刷工人把称作活字的木制字模排列在一起，然后在上面刷上油墨。接着他把纸压在沾有油墨的字模上，这样制成了一页副本。活字只要排列无误，就可以又快又轻松地印刷数千份副本了。之后工人可以把这些排列好的活字拆开，把它们重新组合印下一页。这就是活字印刷。看上去这一切很简单，可怪就怪在几千年前就是没有人能想到这种方法。

活字印刷

古腾堡在印刷机旁，正在比较印刷稿和手写稿

英国第一本印有出版日期的书是名叫卡克斯顿的英国人印刷的——《哲学家名言录》，印于1477年。

在这之前，很少有人会读书识字，甚至国王或王子也不会。没有人教他们怎样读书识字；即使他们识字，也没有什么书供他们阅读。所以学习有什么用呢？

你想象一下就能知道，中世纪时，在没有书籍、报纸和任何印刷品的情况下，人们想要知道世界上发生了什么事，该有多么困难。

印刷术的出现，改变了一切。书籍可以大量印出来，也更加便宜，人们可以了解有关地理、历史和他们想知道的任何事情。

“轰隆、轰隆”的魔药

另一件有魔力的东西是火药。

在 1300 年以前，欧洲一直没有枪械、大炮这类东西。他们战争中使用的都是弓箭、刀剑、长矛这类的兵器。

虽然马可·波罗讲述过他在中国很早就见过火药和使用火药的大炮，但还有一部分人认为是阿拉伯人把这种知识传到了欧洲。

早在 7 世纪，伊斯兰教徒想要攻占君士坦丁堡，基督徒从城堡上向下泼焦油和沥青，挡住了他们的进攻。

在 1453 年伊斯兰教徒又一次进攻君士坦丁堡。但这次，他们使用了火药和大炮。君士坦丁堡的城墙可顶不住这种“魔粉”的威力，最终沦陷了。君士坦丁堡落到土耳其人的手里，那座宏伟的圣索菲亚大教堂变成了一座伊斯兰教徒朝拜的清真寺。

自此之后，战争都开始使用火药了。这种新型作战方式，使城堡变得不堪一击，身着盔甲的骑士也不再有什么作为了，弓箭也从此退出历史舞台了。火药彻底改变了战争，让战争变成更加残酷、可怕，世界上响起了新的声音——轰隆！轰隆！轰隆！所以有些人将 1453 年称为中世纪的结束，现代史的开端。

火药

航海时代

寻找财富的冒险家们

Age of Sailing

区位｜全球　时间｜15 世纪末

哥伦布发现新大陆

哥伦布

你最喜欢哪本书？

是《爱丽丝梦游仙境》？

还是《格列佛游记》？

在最早印刷的书籍中，当时孩子们最喜欢的是：

《马可·波罗游记》。

书中描述了一个遥远的东方国度——中国，拥有大量的黄金和奇珍异宝。有一个叫克里斯托·哥伦布的意大利男孩也很喜欢这本书，哥伦布出生在热那亚，他经常在码头听水手们讲述航海过程中的奇闻异事，因此，他一生最大的志向就是去航海。

当时，人们都想寻找一条更近的航线去印度。在印刷出的书籍中，有一些古希腊、古罗马人写的游记。尽管一些无知的中世纪民众认为地球是平的，可是那些航海探险者知道地球是圆的。哥伦布也读过这些书，他想如果地球是圆的，那么一直向西航行就会到达印度，他越想越觉得这个想法可行，也就急切地渴望买条船来验证这个想法。

为此，哥伦布先去了葡萄牙，葡萄牙正好位于大西洋边上，那里有很多出色的水手，但和别人一样，葡萄牙国王认为哥伦布的想法很愚蠢，不愿和他扯上任何的关系。

于是，心生厌倦的哥伦布去了下一个国家——西班牙，当时西班牙由国王斐迪南和王后伊莎贝拉统治。伊莎贝拉王后对哥伦布的想法和计划产生了极大的兴趣，最后答应帮助他。她甚至说，如果必要的话，她会卖掉自己的珠宝，凑钱给他买船。于是在她的帮助下，哥伦布买了3艘小船，分别命名为“尼娜”号、“平塔”号和“圣玛利亚”号。

哥伦布在海上航行一个多月后，水手们开始焦虑起来，这辽阔的大海漫无边际，无论哪个方向，除了大海还是大海，似乎根本没有陆地的存在。他们开始考虑返航，他们担心再也回不了家。

哥伦布和他们争论，但是没有用。最后他答应如果再过几天还到达不了什么地方就返航。最后，当所有人，除了哥伦布，都放弃希望的时候，一个水手看见海面上漂浮着一根树枝，树枝上还长着浆果，接着又看见鸟儿飞翔——鸟从来不会飞得离岸边太远。然后在一个漆黑的夜晚，在航行两个多月之后，他们看到前面远远的地方有火光闪烁。

终于，在1492年10月12日的清晨，3艘船抵达岸边。哥伦布升起了西班牙国旗，以西班牙的名义占领这片土地，称它为“圣萨尔瓦多”，在西班牙语中意思是“神圣救世主”。

当时，哥伦布认为自己到达的是印度，其实，他只是在美洲海岸边的巴哈马群岛中的一个小岛登陆了。哥伦布看到了当地人，这些人身体和脸上都涂了颜料，头上还插着羽毛，因为他认为自己到达的是印度，于是把他们成为印第安人。

哥伦布又到了附近的其他岛屿，但是他并没有发现他期待的黄金和宝石，

哥伦布发现美洲

哥伦布立鸡蛋

一天，哥伦布和国王的贵族在一起吃饭，这些人又开始贬低他发现新大陆的航行。他拿起一个煮熟的鸡蛋，问在座的人，谁能把鸡蛋立起来。没有一个人能做到，当鸡蛋又回到哥伦布手里时，他轻轻把鸡蛋向下一敲，敲破了蛋壳的一端，这样那下面就变平了。于是，鸡蛋自然就立起来了。“你们看，”哥伦布说，“如果知道该怎么做，当然非常简单了。航行也是一样，我先做过一次，所以你们才会觉得找到陆地也是很容易的事情。”

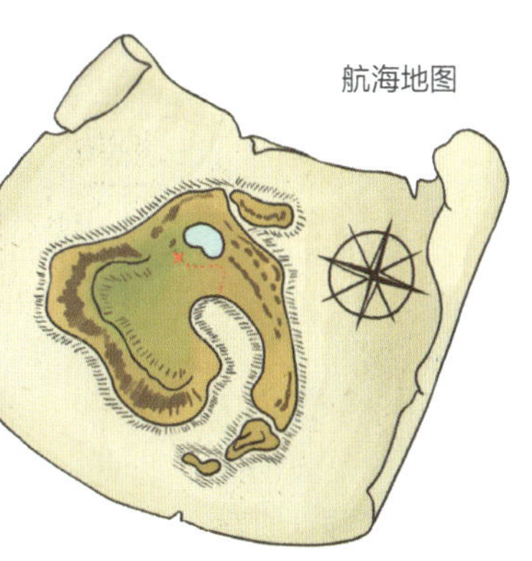
航海地图

也没遇到马可·波罗描述过的奇观。当他最终安全返回后，人们对他的发现欣喜若狂。此后，哥伦布又进行了 3 次航行，都到达了美洲。他曾在南美洲登陆过一次，但是他从未到过北美洲大陆。

航海时代的来临

哥伦布的远航，用事实证明不会有从“世界尽头”掉下去的危险，就算在遥远的西方也的确有陆地。此后，几乎所有找寻印度的人都冲向了哥伦布的航线。

有一个叫瓦斯科·达·伽马的葡萄牙水手，也想通过航线到达印度。但他没有和哥伦布一样向西航行，而是试图向南，绕过非洲。之前也有其他人做过类似的尝试，但都半途而废了，他们还讲了许多吓人的故事，这些故事就像水手辛巴德的冒险故事一样可怕。

尽管听了这些惊悚的故事，达·伽马还是选择继续南行，经历了许多艰难困苦后，他绕过了好望角，到达了印度。在那里，他得到了十分珍贵的香料，然后安全返回家乡。这是 1497 年，也就是哥伦布第一次远航 5 年后，瓦斯科·达·伽马成为第一个由水路到达印度的现代欧洲人。

在达·伽马到达印度的同一年，一个叫约翰·卡伯特的人从英国起航，他第一次航行失败了，但是他没有放弃，最终到了加拿大，并沿着现在是美国的海岸航行。

麦哲伦船队与菲律宾原住民冲突

还有一个叫巴尔沃亚的西班牙人在美洲的中部地区探险。他到了一小块连接中美洲和南美洲的狭长陆地上，这块土地我们现在叫作巴拿马地峡。

在所有航行中，最长的航行是麦哲伦的环球航行。他在西班牙政府的支持下，得到了 5 艘船，开始了远航。当他驶向大陆另一边的大洋的时候（麦哲伦

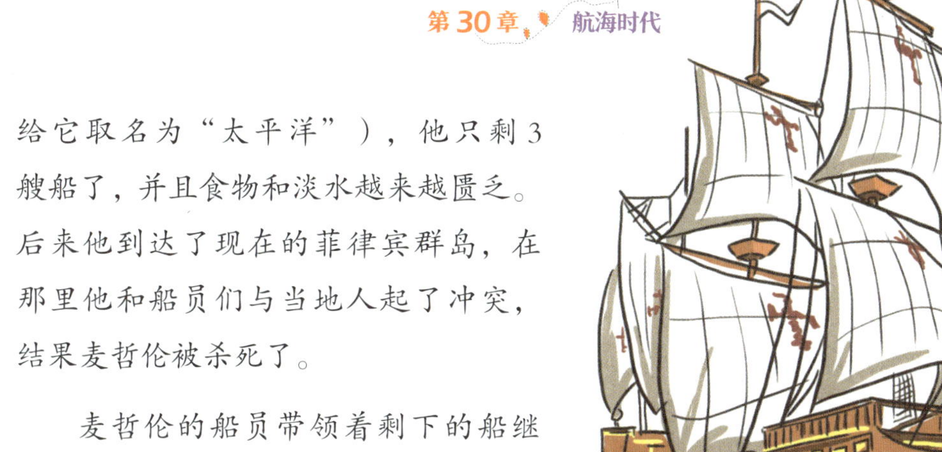

给它取名为“太平洋”），他只剩3艘船了，并且食物和淡水越来越匮乏。后来他到达了现在的菲律宾群岛，在那里他和船员们与当地人起了冲突，结果麦哲伦被杀死了。

麦哲伦的船员带领着剩下的船继续航行，最后只剩下一艘“维多利亚”号艰难地绕着非洲航行，最终这条四处漏水的破船载着仅剩的18名船员驶回了他们3年多前出发的港口。“维多利亚”号——这艘已经没有麦哲伦的船只，成为了第一艘完成环球航行的船。

维多利亚号

航海带来的侵略

航海带来了各种各样的，关于新大陆的传说。

相传在新大陆，有一眼“青春之泉”，如果在里面洗个澡或喝上几口水，就能返老还童。

还有人说，在新大陆有一个“黄金之城”叫埃尔多拉多，整座城市都是用黄金建造的。

凡是喜欢冒险并且有足够资金的人，都会去新大陆寻找这些神奇的东西，期待自己因此而获得健康和名誉、财富和智慧，甚至永葆青春。

一个叫科尔特斯的西班牙人被派去征服现在的墨西哥，当时那里居住着阿兹特克人，是印第安人的分支。阿兹特克人的宗教还处在偶像崇拜的水平，他们的国王是个有名的首领，叫蒙提祖马。

西班牙人穿越大洋时还随船带了一些马，阿兹特克人从未见过马，以为它们是一种可怕的野兽。当西班牙人开炮射击时，阿兹特克人更是惊恐万分，他们以为西班牙人在释放雷电。和西班牙人相比，他们的武器简直和石器时代、青铜时代一样简陋，根本没有办法和西班牙人的枪炮抗衡。

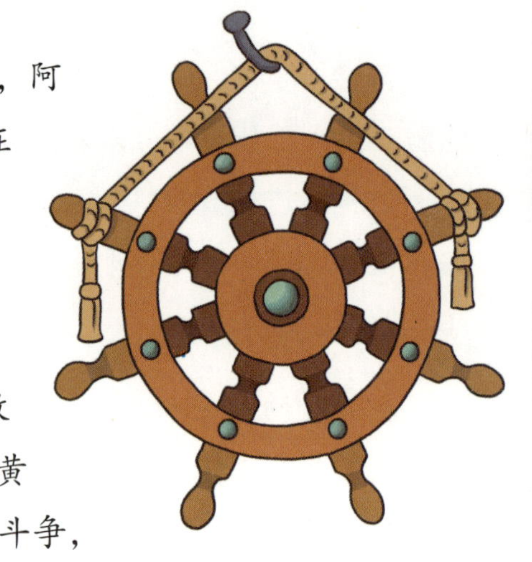
船舵

他们的国王蒙提祖马希望和西班牙人化敌为友，他给科尔特斯送了丰厚的礼品和好几车黄金。但因为宗教信仰的问题，双方展开了激烈的斗争，蒙特祖马被杀死了。虽然阿兹特克人拼死防抗，但是在强大的炮弹面前，他们实在不是对手。

在南美洲的秘鲁，还有一个较文明的印第安部落被称为印加人，他们甚至比阿兹特克人还要富有。据说他们在城里用黄金铺设街道。

一个名叫皮萨罗的西班牙人进军秘鲁，准备像科尔特斯征服墨西哥城一样征服秘鲁。皮萨罗准备把这个国家夺过来，虽然他只带了几百人，但他有大炮，印加人当然抵抗不住。

另一个被西班牙人发现的部落是玛雅人。玛雅人生活在现在墨西哥和危地马拉的土地上。玛雅人有自己的文字，这种文字该怎么读，直到今天我们才略知一二；他们还发明了一种历法，并建造了天文台来观测星象；他们建造了很多高大的金字塔，这让我们想起古埃及的金字塔。和印加人一样，玛雅人也被西班牙征服了。

法国和欧洲其他的国家也相继派出了一些探险家去“开拓”美洲的土地，并派出传教士向美洲印第安人传播基督教。

事实上，很多探险家就是海盗，甚至比袭击英国和法国的挪威人还要坏，他们毫不留情地杀害那些武器落后的当地人。而他们对自己行为找的借口是，希望这些人能成为基督教徒。但是，如果基督教的教义就是这样地杀害无力自卫的无辜百姓，那也就难怪那些原住民对基督教没有什么好感了。

文艺复兴 古典文化的重生

The Renaissance

区位 欧洲　时间 14 世纪

还记得伯里克利时代吗？就是雅典建造了很多美丽雕刻和建筑物的那个时代。当然喽，在 15 世纪并不是所有人都会去新大陆探险。当航海家正在探险的时候，有一些艺术家正在意大利平静地生活和工作着。

建筑师们建造了美丽的房屋，有些像古希腊和古罗马的神庙，制作的雕像几乎和菲迪亚斯的雕像一样美丽。人们又一次开始对古希腊的文化产生了兴趣，他们的书再次被大量印刷，人人都可以阅读。一切看起来就好像伯里克利时代的重现。因此，人们将这一时期称为“文艺复兴”。

孤独的雕刻家

米开朗基罗是文艺复兴时期最伟大的艺术家之一。他不仅仅是一位画家，他还是雕刻家、建筑师和诗人。米开朗基罗创作的时候极其认真，他认为花数年去雕一尊像或创作一幅画是极为正常的事。他的每一个作品都是杰作，直到现在还吸引人们从世界各地前来欣赏。

米开朗基罗

米开朗基罗可以直接在石头上雕刻，无须预先做模型。就好像他可以看到雕像被封闭在石头里，然后他把包裹的石头凿掉就行了。

曾有一块很大的大理石被另一位雕刻家弄坏了，米开朗基罗却在里面看到了大卫的身影，于是他便用那块石头把这位身强力壮的年轻人给“雕出来”了。

他还雕刻了一尊摩西的座像，如今还在罗马的一座教堂里陈列着，当你走近它的时候，仿佛你就在先知摩西本人的面前。

教皇想要米开朗基罗为自己的私人礼拜堂——西斯廷教堂绘制穹顶壁画。开始，米开朗基罗不想干。但是在教皇的坚持下，米开朗基罗让步了。一旦答应了，米开朗基罗就会全身心地投入其中。

随后的 4 年中，他就住在教堂里，日日夜夜几乎没有离开过教堂。他把自己锁在里面，不让任何人进入，甚至教皇本人也不行。因为他不愿被别人干扰。

一天，教皇发现有扇门开着，就想进去看看工作进展得如何。就在此时米开朗基罗不小心丢下一些工具，差点砸到教皇的脑袋。教皇非常不高兴，从那以后他再也没有进过教堂。如今人们都会从世界各地前来观赏这幅穹顶壁画。

米开朗基罗活到将近 90 岁，不过他有一点古怪，几乎不与人来往，和别人在一起，他会觉得厌烦。所以他离群独居，只有他画的神和天使陪伴着他。

受欢迎的拉斐尔

还有一个著名的艺术家叫拉斐尔，不过他和米开朗基罗正好相反，拉斐尔喜欢有人陪伴。他的艺术天分非凡，脾气也很好，因此非常受人欢迎，身边总是有一群朋友和仰慕者，人人都喜爱他。他至少有 50 名学生跟他学作画，每当他出去，甚至只是散个步，他们也要和他一起。这些学生对他的仰慕达到了痴迷的程度。

拉斐尔画了许多美丽的画，最著名的一幅是《雅典学派》。他还画了许多“圣母像”，圣母像一般都有幼年的耶稣，非常著名的一幅是《西斯廷圣母》，

【意】达·芬奇《西斯廷圣母》

如今它陈列在一家大型画廊里。

拉斐尔年纪轻轻就去世了，但是他勤勉创作，持之以恒，因此，留下了大量的画作。

万能的艺术家

还有一位伟大的艺术家叫列奥纳多·达·芬奇，他可谓是“万能博士”，样样精通，什么事情他都能够做得特别出色。他既是艺术家，又是工程师、诗人、科学家。他涉足的领域太多了，虽然在艺术上创作不多，但是仅有的几幅画作都很出名。其中一幅是《最后的晚餐》，这幅画和《西斯廷圣母》一样，被认为是世界上最杰出的画作之一。令人遗憾的是，这幅画是直接画在水泥墙上的，随着岁月的推移，很多颜色都脱落了。不过还好，这幅画现在已被修复了，色彩变得鲜艳，我们又能再次观赏到它美丽的全貌了。

达·芬奇经常画微笑的女人。你应该知道，那个著名的画作——一个名叫“蒙娜丽莎”的女人的画像，就是他的作品。她脸上露出的表情被认为是“谜一般”的微笑。你很难分清她是在“对着”你微笑，还是“和你一起”微笑。

达·芬奇

达·芬奇画鸡蛋

达·芬奇在很小的时候就非常喜欢画画，于是父亲就让他拜著名的画家和雕塑家佛罗基俄为师。佛罗基俄是个非常严格的老师，学习的第一天，他让达·芬奇画蛋，画了一天又一天。达·芬奇早就感到厌倦了，于是向老师提出了疑问。佛罗基俄说：“要做一个伟大的画家，就要有扎实的基本功。你看，1000个蛋中没有2个蛋是完全一样的。同一个蛋，从不同的角度看，它的形态也不一样。通过画蛋，你就能提高你的观察能力，能锻炼你的手眼协调，做到得心应手。”从此，他达·芬奇更加认真地学习画蛋。勤于练习的达·芬奇之后就找到了感觉，画什么像什么。

女王时代

女人也能当国王

The Queen of England

区位 | 欧洲 · 英国　时间 | 16 世纪中期

血腥玛丽

英国国王亨利八世有两个女儿。

一个名叫玛丽，一个名叫伊丽莎白。她们和父亲一样，都姓都铎。

国王亨利还有一个儿子。他父亲死后，他接任了国王，可是他没活多久就死掉了，接着两姐妹中玛丽先成为女王。

【英】拜厄姆肖《玛丽一世》

当时在英国有一首童谣这样唱到“玛丽，玛丽，独树一帜”。玛丽本人是坚定的天主教徒，随时愿意为教皇和天主教会而战。因此，她不赞同父亲与教皇和天主教会作对。事实上，她希望把所有不是天主教徒的人，和那些新教教徒全部处死。就像《爱丽丝梦游仙境》中的那个女王，她总是说：“砍掉他的头！”玛丽让那么多人都掉了脑袋，因此她被人们称为“血腥玛丽”。

玛丽的丈夫是西班牙人——西班牙腓力二世，他同样是一个强硬的天主教徒。腓力强迫那些新教徒认罪并放弃新教。如果他们不这么做，他们就会受到过去基督教殉道士所遭受的那种严刑拷打。这被称为“异端审判”。

童贞女王

【英】艾萨克·奥利弗《伊丽莎白一世》

玛丽·都铎死后，她的妹妹伊丽莎白·都铎继承了王位，史称“伊丽莎白一世”。伊丽莎白是亨利三个孩子中最刚强的。她有一头红发，喜欢被人奉承。有很多男人爱上了她，但是她却一直没有结婚，所以她被称为“童贞女王”。

有趣的是，伊丽莎白是新教徒，与她姐姐和姐夫极度仇恨新教徒相反，她极度仇恨天主教徒。

伊丽莎白有个亲戚是苏格兰女王。那时候苏格兰还没有与英国统一，他们有自己的女王，名叫玛丽·斯

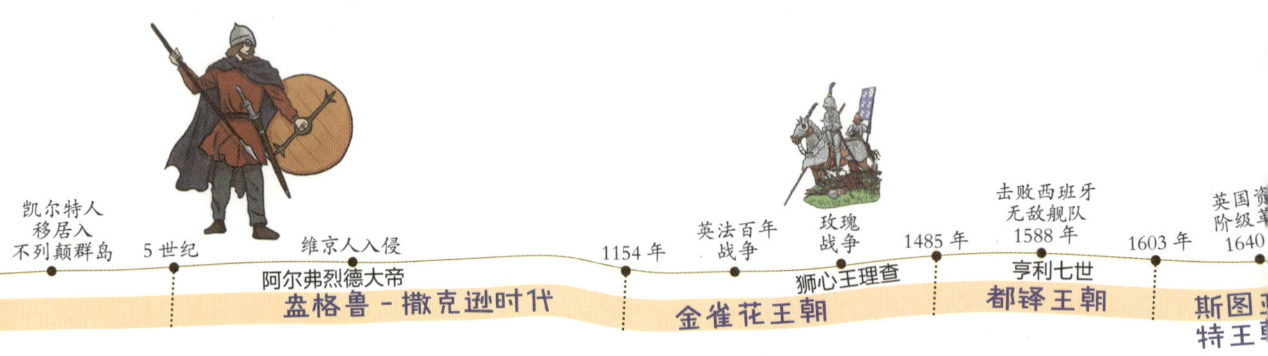

图亚特。这位女王年轻、貌美、迷人，但是她是天主教徒，所以伊丽莎白和她是敌人。

伊丽莎白听说玛丽·斯图亚特正企图吞并英国，于是她不顾亲戚的情面，先下手为强，把她关进了监狱。玛丽·斯图亚特在监牢里被关了将近20年，最后还是被伊丽莎白下令处死的。

腓力二世作为天主教的强大拥护者，下决心要惩罚伊丽莎白。于是他集结了一支大型舰队，所有的西班牙人都为有这样一支舰队而感到自豪。它被吹捧称为“无敌舰队”。

1588年，无敌舰队出发，浩浩荡荡地向英国驶去。

英国舰队都是由小船组成的。西班牙人没有料到，英国舰船没有像常规那样正面迎战，而是从背面袭击西班牙舰队，而且一次只进攻一条船，各个击破。

接着英国人点燃几条旧船，让它们漂向西班牙舰队。当西班牙人看到这些燃烧的火堆向自己漂过来，一下子惊慌失措了，有些舰队马上逃走了。剩下的船只又遇到了一场可怕的暴风雨，几乎所有的船都失事了。不可一世的无敌舰队被摧毁了，西班牙海上的霸权地位也随之终结。

伊丽莎白初登王位时，世界上最大最强的国家还是西班牙，而在她统治的末期，英国成了世界上最强大的国家，她的舰队也成为世界上最强大的舰队之一。

以前人们认为管理国家大事，女人肯定不如男人，但是伊丽莎白证明了女人也可以比大多数男人做得更好。

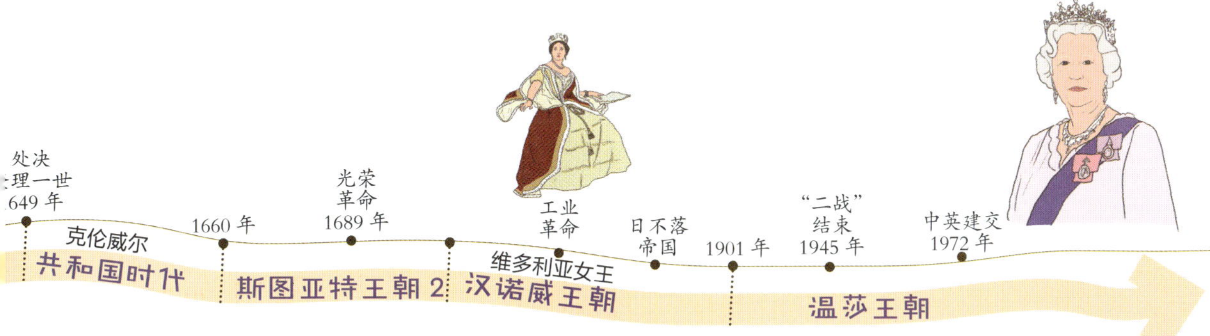

伟大的剧作家

莎士比亚

在伊丽莎白女王统治时期，生活着一位伟大的剧作家，也是迄今为止世界上最伟大的作家之一——威廉·莎士比亚。

莎士比亚的父亲连自己的名字都不会写，莎士比亚本人也只读了六年书。

莎士比亚还未成年就结婚了，妻子安妮·海瑟薇年纪比他大。结婚几年后，他便离开妻子和三个孩子，前往大城市伦敦去寻找机会。在伦敦一家剧院外面，莎士比亚找到一份工作，替那些来看戏的人照看马车。后来他得到一个表演的机会，就做了演员，不过他并没有成为一名很优秀的演员。

在那个年代，剧场没有舞台布景。每当需要换背景的时候，人们就会举起一块牌子来说明。

例如：他们举起一块牌子，上面写着“这是森林”，就代替了森林布景，要换房间布景，就在牌子上写着“这是酒馆里的一个房间”。那时没有女演员，男演员既扮演男人的角色，也扮演女人的角色。

后来，莎士比亚被叫去改写一些别人写好的剧本，这份工作他倒是干得非常出色，于是他开始自己写剧本。大部分时候他只是将古老的故事改编成剧本，但是他自己原创的剧作反而更精彩、更吸引人。

虽然莎士比亚13岁就离开了学校，但是他却很博学。从他的剧本里可以看出他十分了解历史、法律和医学。莎士比亚最著名的剧本有《哈姆雷特》《威尼斯商人》《罗密欧与朱丽叶》和《尤里乌斯·恺撒》。

在那个时期莎士比亚挣了很多钱——能算得上一大笔财富。后来他离开了伦敦回到他的家乡——斯特拉特福小镇居住，直到去世，最后安葬在一个乡村教堂里。

斯图亚特王朝

封建王权的陨落

Stuart Dynasty

区位 欧洲 · 英国 时间 约 17 世纪

国王詹姆斯

你的名字有什么特别的含义呢？一般父母都会给小孩子取一个好名字，包含对子女的祝福或希望。

但在过去，很多英国人都是以一些职业为姓名，若一个人叫库克，那他的祖先可能是个厨师（cook），如果叫斯图亚特，那么他的祖先或许是一个管家（steward）。

【英】约翰 · 德 · 里茨《詹姆斯一世》

苏格兰有个家族姓斯图亚特，也许他们的祖先是管家，但现在他们是英格兰的统治者。那个被伊丽莎白斩首的玛丽 · 斯图亚特就是这个家族的一员。

伊丽莎白女王终身未婚，没有子女继承她的王位，她又是都铎家族最后一个成员，没办法，英国人只得四处寻找一位新国王，这时他们想到了苏格兰。

那时，苏格兰是一个独立的国家，不像现在是英国的一部分。玛丽 · 斯图亚特的儿子是当时的苏格兰国王——他叫詹姆斯·斯图亚特。因为他和都铎家族有亲戚关系，所以英国人请他来做国王。他接受了邀请，被称为詹姆斯一世。随后，我们把他和他后代的统治时期称为斯图亚特王朝。

斯图亚特家族的统治持续了大约100年。英国人一定非常后悔，请了詹姆斯来做国王，因为他和整个斯图亚特家族对英国人逞威作福，发号施令，英国人不得不为争取自己的权利而斗争。

当时，英国由议会制定法律，但是詹姆斯宣称议会不能做任何违背他意愿的事，如果他们不注意这一点，就罢免他们。詹姆斯宣称国王做的一切都是正确的，国王是不可能做坏事的，上帝赋予了国王至高无上的权力，这就是所谓的“君权神授”。英国人自然无法忍受这样的事情，虽然以前都铎家族也经常做一些人民不满意的事情，但都铎家族是英国人。人们可以容忍自己的家人犯错，对外人就不一样了。所以，一场争吵当然是在所难免了。但是真正的斗争并没有发生在詹姆斯在位时期。

英国的殖民统治

詹姆斯统治时期，英国没有发生太多的乱子，但是在其他国家却发生了许多大事。那个时候，英国人在遥远的印度建立了殖民地。那些殖民地逐渐扩大，直到最后整个印度都归属于英国。通过不断地向外扩张，英国成为一个绝对富有强大的国家。

与此同时，英国在美洲也建立了殖民地，一个建在南美洲，一个建在北美洲。1607年一艘装满英国人的船来到美洲，他们希望能找到黄金。他们在弗吉尼亚登陆，把他们定居的地方以国王的名字命名为“詹姆斯敦”。但是他们没有发现任何黄金，如果想要生存下去，就不得不去干活。

当时在英国，人们已经学会吸烟了，所以这些殖民者开始为自己种植烟草。烟草为殖民者带来了大笔收入，于是那些殖民地的英国绅士们开始想让其他人替自己干粗活。几年以后，就有人从非洲运来了黑人，把他们卖给殖民者做苦工。这就是美洲奴隶制度的开端，随着奴隶制的发展，在南方的大种植园里，几乎所有的工作都是奴隶做的。

五月花号

不久以后，又有一批人离开英国去美洲。他们为了寻找一个可以“自由敬拜上帝”的地方。1620年，这批人乘坐一艘叫“五月花号”的船离开英国的普利茅斯，越过大洋，在今天美国马萨诸塞州的一个地方登陆，他们把这个地方也命名为普利茅斯，还在那里定居下来。因为恶劣的生活条件和北方严寒的天气，在第一个冬天他们中就有超过一半的人死亡。这个殖民地就是后来美国被称为新英格兰地区的雏形。

丢脑袋的国王

英国的下一任国王叫“查理一世”，他就是国王詹姆斯的儿子。他和他父亲一样信奉“君权神授”。但是这一次人们没有像对约翰王那样，把他挟持走，逼迫他签署一纸协议，而是选择了反抗。

查理一世

国王也准备为维护自己的权力而战。他召集了一支军队，由领主和贵族，以及支持他的人组成。议会也召集了一支由普通民众组成的军队，他们把头发剪短，戴高顶帽，衣着朴素。一位名叫奥利弗·克伦威尔的乡绅把一群士兵训练成出色的战士，号称“铁骑军”。

国王的军队都是一些酒囊饭袋，作战前只知道大吃大喝。经过多次战斗，最后国王的军队被打败了，国王查理成了俘虏。

此时，议会中的小部分成员掌控了一切，虽然

他们无权审判国王，但他们还是判定他犯有叛国罪、谋杀罪及其他可怕的罪行，并判处死刑。1649年查理一世从监狱被带到自己在伦敦的宫殿前，在那里被砍了头。在后面的几年里，奥利弗·克伦威尔——议会军的总指挥官，统治了英国。他虽然外表粗犷，言行鲁莽，但是为人诚实虔诚，治理国家认真严格，他不能忍受任何愚蠢荒谬的言行。

克伦威尔死后，他的儿子接替他统治英国，但是他却没有能力接替他父亲的位置。虽然他怀有善意，但是能力不足，所以几个月后他就退位了。

光荣革命

奥利弗·克伦威尔的铁腕手段让英国人有点受不了，他们忘不了在斯图亚特王朝统治下所受的苦难。所以在1660年，英国人把查理一世的儿子请了回来，斯图亚特王室成员又一次当了国王。这个国王就是“查理二世”。

查理二世被称为“快乐的国王”，因为他好像一心只想着吃喝玩乐，尽情享受。在他的统治时期，那种古老、可怕的疾病——瘟疫，又在伦敦突然爆发了。有些人认为这是上帝的惩罚，因为国王和臣民行为恶劣，甚至还对神圣事物不敬重。

后来，人民和国王的斗争终于彻底解决了，那是在一位斯图亚特王朝的统治者——更确切地说是一对王室夫妇——威廉和玛丽的统治期间。1688年，议会起草了一份协议，叫《权利法案》，威廉和玛丽在上面签了字。协议确立议会是管理国家的最高机构，从此以后，议会成了英国真正的统治者。因为这个事件中没有发生任何斗争，这一事件也因此被称为“光荣革命”。

法国大革命

路易家族的消亡

The French Revolution

区位 欧洲 · 法国　时间 17 世纪

听命于红帽子的国王

现在要给你讲两个叫路易的法国国王。

“路易十三”和“路易十四”是 17 世纪法国的国王，和斯图亚特王朝统治英国处于同一时期。

路易十三其实只是名义上的国王，大权在另一个人手上，那人要他做什么，他就照着办。那个人就是教会最高管理者，名叫黎塞留，也被称为“红衣主教”——因为主教一般都头戴红帽子，身着红长袍。

在路易十三统治期间，爆发了一场漫长的战争，它持续了 30 年，因此也称为“三十年战争”。这场战争和其他战争不同，这是新教徒和天主教徒之间的一场战争。最终法国取得胜利，结束了长达三个世纪的哈布斯堡王朝霸权，成为新的欧洲霸主。

在三十年战争期间，瘟疫在德国爆发了。一个名为奥伯阿默高的小镇的镇民们日夜祈祷，他们发誓，如果他们能幸运地躲过瘟疫，以后将每十年演出一场有关耶稣生平的戏剧。后来他们终于逃过了一劫，于是从此以后，几乎每十年，他们都会演出一场所谓的“耶稣受难复活剧”。成千上万的旅游者从世界各地来到这个偏远小镇观看小镇居民的表演。演出在第十年夏天的一个星期日进行，要演一整天。

在位时间最长的国王

路易十三之后的法国国王是路易十四。

当时，英国人民经过长期斗争，最终通过议会成功地获得了自己管理国家的权力。但在法国，还是国王独揽政权。路易十四声称“我就是国家”，任何人都无权干预国家大事。这和英国斯图亚特王朝的“君权神授说”没有任何区别。路易十四统治了 72 年，堪称历史上在位时间最久的君主。

路易十四

在他统治期间，他让法国成为欧洲强国。他几乎不断地和其他国家打仗，向外扩张自己的王国。法国取代了西班牙和英国，成为欧洲国家的领头羊。

路易十四在凡尔赛建造了一座宏伟的宫殿，里面有大理石的大厅、精美的壁画，还有许多面大镜子，这样当他大摇大摆经

凯撒八次远征罗马统治高卢
高卢时期
1328 年
查理五世
英法百年战争
瓦卢瓦王朝
1589 年
亨利四世
法国成为欧洲霸主
路易十四
波旁王朝
法国大革命 1789 年
罗伯斯庇尔
热月政变 1794 年
雾月政变 1799 年
第一共和国
拿破仑称帝 1804 年
拿破仑
第一帝

过时，可以看到自己的样子。宫殿周围是一个花园，花园里有很多美丽的喷泉。这些喷泉的水都是从很远的地方调来的，即使只喷几分钟也要花费大量的金钱。直到今天，如果游客去凡尔赛游览，还要看看华丽的宫殿房间和喷泉表演呢。

怪人路易十四

路易十四是法国波旁王朝的国王，统治法国长达72年，是在位时间最长的君主。他总是身穿紧身外套，头戴一个极大的扑满香粉的假发，脚穿一双红色高跟鞋，这样让他显得更高一点。他拿着一根长长的手杖，胳膊肘向外摆，脚尖朝外撇，高视阔步，走来走去，因为他认为这样的仪表和举止能让他显得尊贵威严，器宇轩昂。

路易十四不仅让他的周围充满美丽的事物，他还把当时最有趣的人都找来，让这些人围绕在自己身边。他们都是在某个方面特别优秀的人，比如画画得特别好，或者文章写得特别有趣，或者说话特别机智，或者表演特别动人，或者长相特别俊美。路易十四把他们找来和自己住在一起或住在附近。这些人被称为“侍臣”，他们都是精选出来的，所以看不起那些普通人。

有些人很幸运，成为了路易十四的侍臣，他们自然会受到优厚的待遇，过得十分舒服。但是法国的贫苦百姓，比如那些农夫、工人，却要为路易十四和他的侍臣买单。“羊毛出在羊身上”，百姓要缴纳大量的税款、财物，这样路易十四才有足够的钱去举办各种聚会、舞会，才能给朋友送各种贵重礼物。

穷人不可能永远忍受这类事情。俗话说：“兔子急了也咬人，狗急了还跳墙呢！”我们很快就会看到后来发生了什么。

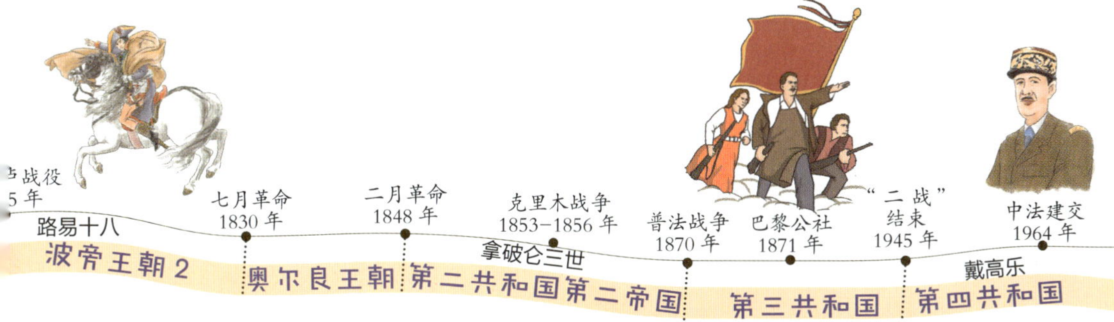

攻占巴士底狱

攻占巴士底狱

到了路易十六时期，百姓已经非常贫穷了，除了一种粗糙难吃的黑面包，几乎没什么可吃的了，他们还要给国王和贵族上供，满足他们的奢靡、狂欢。如果有人抱怨，就会被关进巴黎的一座大监狱——巴士底狱，然后待在那里等死。

有人告诉王后她的臣民没有面包吃，她说："让他们吃蛋糕啊。"可见，国王和王后根本不知道平民百姓生活得怎样。

为了消除社会的种种不公正，法国各地最优秀的人聚集到一起，组成了"国民议会"。他们希望让每一个人都得到自由、平等，让每一个人都有权利对国家的治理发表意见。他们的口号是"自由、平等、博爱"。

穷人再也无法忍受无休无止的虐待和压迫了，一群疯狂愤怒的下层民众袭击了巴士底狱。他们砸烂了狱墙，杀死了看守的卫兵，放出犯人。

1789年7月14日，巴士底狱被攻占。这就是法国革命的开始。后来，这一天也成为了法国的国庆日，就像美国庆祝7月4日的独立日一样隆重。

当贵族们听说了巴黎发生暴动，惊恐万分，他们抛下国王和王后，赶紧离开了法国。

与此同时，国民议会起草了一份《人权宣言》，类似美国的《独立宣言》。宣言说，人人生而自由平等，法律应由人民制定，在法律面前人人平等。

《人权宣言》通过后不久，愤怒的巴黎民众神情激昂，手持棍棒和石块，来到凡尔赛宫，他们冲上华丽堂皇的楼梯，抓住了国王和王后，把他们押往巴黎，并把他们囚禁在那里。

之后，国民议会起草了一部《宪法》——一套公正管理国家的规则。国王同意并签署了宪法。

但是，这还不够。人们压根就不希望国王来统治他们。所以大约一年后，他们建立了一个共和国，把国王送上了断头台。

《人权宣言》

血淋淋的暴政

可除掉国王之后，人们并没有安定下来，他们担心那些支持国王的人复辟。人们选红、白、蓝三种颜色作为国旗，选《马赛曲》作为国歌。无论走到哪里，他们都扛着三色旗，唱着《马赛曲》。

接着，法国进入了“恐怖统治”时期，那是一段血淋淋的历史。一个名叫罗伯斯庇尔的人和他的两个朋友是恐怖统治时期的领导人。任何被怀疑支持国王的人，都会被捉起来斩首。成千上万有嫌疑的人都被处死了，人们不得不专门建一条下水道排走血污。

但罗伯斯庇尔还是不知足，他开始希望自己能一个人统治国家，于是他密谋陷害他的两个朋友。其中一个被他斩首，另一个叫马拉，他在浴缸里被一个名叫夏洛特·科黛的女孩杀死，这个女孩当时对他的所作所为怒不可遏。这样最后只剩下罗伯斯庇尔一个人了。

人们开始害怕这样残忍、没有人性的暴君，就起来反抗他。当他发现自己也要被处死时，就想要自杀，但是还没来得及就被抓住了，并被押到了断头台上，在那里他曾让无数人掉了脑袋，现在也轮到他被砍头了。此后，法国的恐怖统治也终于结束了。

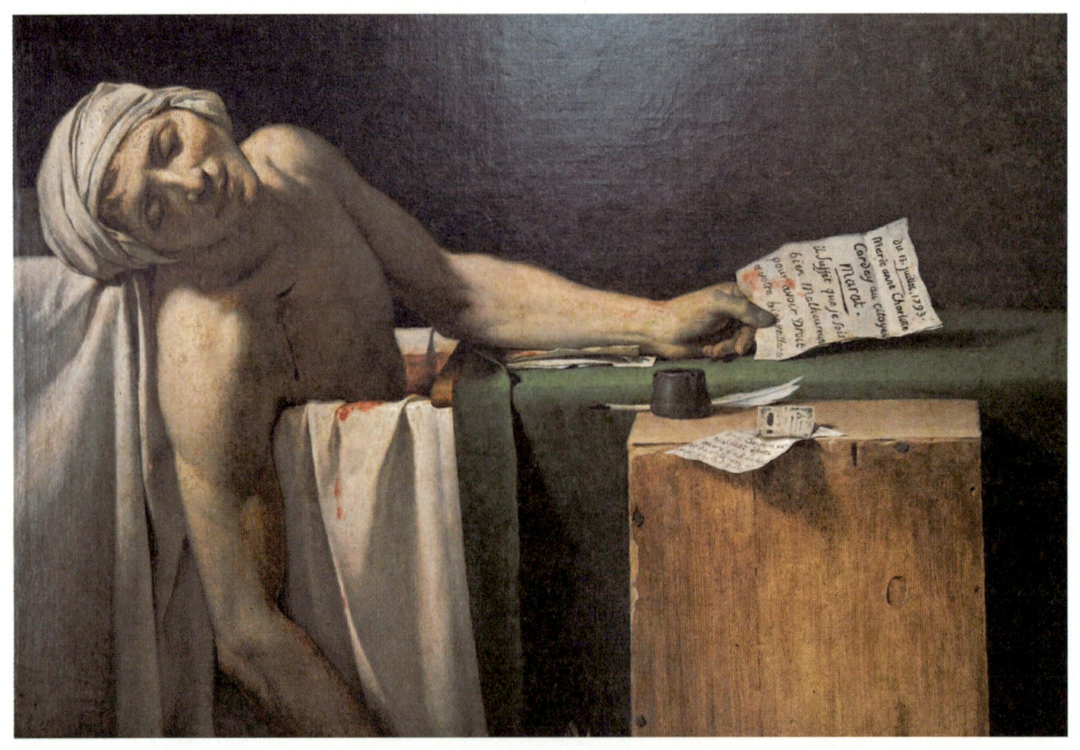

【法】雅克·路易·大卫《马拉之死》（局部）

彼得一世 自力更生的国王

Peter I

区位 欧洲·俄罗斯 时间 17 世纪末

俄罗斯套娃

美国的国父是谁？

我知道你会说：

“乔治·华盛顿。”

但是还有一个人，早在华盛顿出生之前，他被称为“国父”了，他并不是美国人。

在欧洲东北部及亚洲北部，有个国家面积有美国两倍大，它的名字叫俄国。在 1700 年之前，人们几乎没有听说过俄国，尽管它是欧洲最大的国家，但是它比较孤立。俄国人是庞大的印欧语系大家族的一支，叫作斯拉夫人。尽管俄国人是基督徒，可是在某些方面他们更像东方人，男人留长胡子，穿长外套，人们像中国人那样用算盘计算。农奴制在西欧被废除后很久，在俄国仍旧存在。

白手起家的国王

【俄】马特维耶夫《彼得一世肖像画》

就在 17 世纪快要结束的时候，一个名叫彼得的俄国王子出生了。彼得小时候，非常害怕水。但是身为王子，竟然有害怕的东西，这点让他深感羞愧，于是他强迫自己去适应水。这个小王子经常走到水边，有时在水里玩，有时在水上驾船航行，尽管他始终怕得要命，但还是咬牙坚持。最后，他不仅克服了这种巨大的恐惧，还喜爱上了游泳和划船。

彼得成年后，他最想做的事情是让自己的国家在欧洲成为强国。在此之前，尽管俄国幅员辽阔，但从未强大过。那时候俄国人还很贫穷而愚昧，彼得希望他的人民能分享到其他欧洲人所享有的文化和财富。但是在他能够启蒙教育自己的人民之前，他自己必须先学习。于是他装扮成一名普通劳工，去了荷兰——一个不大的国家。他在那里的一家造船厂找到了工作，干了几个月。在那段时间里，他学会了有关

东斯拉夫人向东欧草原迁徙

伊凡四世加冕 1547 年

彼得一世加冕为皇帝 1721 年

拿破仑入侵 1812 年

沙皇俄国

俄罗斯帝国

彼得一世

造船的所有知识，还学会了许多技术，比如打铁、修鞋，甚至拔牙。

然后他又去了英国，每到一个地方，他都尽可能地学习各种知识。最后他带着学到的知识回到了祖国，开始着手改造俄国。

首先，彼得希望俄国能拥有一支舰队。但是当时俄国几乎没有土地和海洋毗邻，所以彼得打算从邻国瑞典先夺取一段海岸。

那时瑞典国王是查理十二世，当时查理几乎还是个孩子，彼得觉得打败他，随意占有一段海岸是轻而易举的事。但是查理可不是一般的男孩，他非常聪明，具有非凡的天赋，同时，他更是蛮勇大胆，人们都称他为“北方疯子”。一开始彼得的军队就被查理击败了。

但是彼得平静地接受了这次失败，他只是淡淡地说了一句：“查理很快就会教会俄国军队怎样取胜。”确实，最初查理把所有对他有威胁的国家都打败了，以至于许多欧洲国家开始认为他是亚历山大大帝重生。但是最后俄国人还真的打败了查理，彼得得到了他想要的海岸，开始组建他筹备多年的舰队。

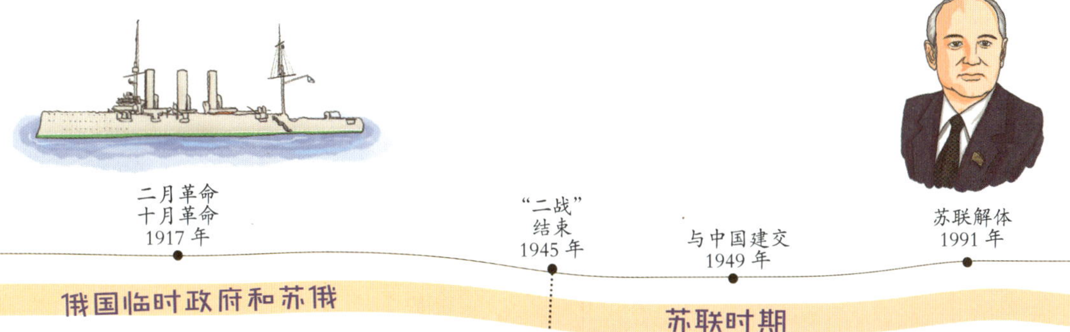

走向强大的俄国

俄国的首都是莫斯科，那是一座十分美丽的城市，但是它位于国家的中心地带，离海洋太远。彼得希望他的都城就在海边，这样他就可以挨着他心爱的船只了。他选了一处在水边的土地，但那里基本上就是一块沼泽地。然后他让30多万人填平了这个沼泽，在上面建造了另一座美丽的城市。为了纪念自己的守护神使徒彼得，他把这座城市命名为圣彼得堡。

彼得完善法律，创办学校，建造工厂和医院，还教人民算术。他让人民像其他欧洲人那样穿着，要求男人剪掉长胡子。他把他在欧洲发现的各种新事物引入了俄国，渐渐地，俄国成了一个欧洲强国。这就是为什么他被称为“彼得大帝”和“国父”的原因了。

和其他国王不一样，彼得爱上了一个贫穷的农家孤儿，名叫凯瑟琳。她没有受过任何教育，但是她非常温柔可爱、聪明机敏，彼得娶她为妻，他们婚后生活得很幸福。俄国人没有想到国王会娶这么一位王后，她既不是公主，出身又如此低微，都感到震惊。但是彼得还为她加冕，而且在他死后由她统治俄国。

芭蕾舞

第36章

腓特烈大帝

爱音乐的国王
Frederick the Great

区位 欧洲·德国 时间 18世纪

腓特烈的童年

在俄国之后，我们现在要讲的是一个叫普鲁士的国家。普鲁士是欧洲的一个小国家，后来它成了德国的一部分。俄国国土辽阔，彼得让它成为了强国，而普鲁士是个小国，但是也有一个国王让它成了强国。这位国王名叫腓特烈，也生活在18世纪，但比彼得稍晚一些，他也被称为“大帝”——腓特烈大帝。

腓特烈大帝

腓特烈的父亲是普鲁士的第二任国王，他喜欢收集巨人，就像你会收集卡片、收集玩具一样。只要他听说有非常高的人，不管在哪个国家，也不管要花多少钱，

爱艺术的腓特烈

腓特烈对所有艺术都感兴趣，他自己起草设计了波茨坦的无忧宫。他收有很多名画，吹得一口好长笛，还会作曲。他于1747年在无忧宫与作曲家巴赫会面。腓特烈即兴给出了一段自己的旋律，并表示希望巴赫能够将这段旋律改编为赋格曲，巴赫对于国王的音乐天才深表赞赏。

【德】门采尔《腓特烈大帝在无忧宫的长笛演奏会上》

他都一定把这个人买来或雇来。他将这些“巨人”组成了一支引人注目的军队，为此他深感骄傲。

腓特烈的父亲是个非常古怪、暴躁、爱发脾气的老国王。就算对待自己的孩子也很粗暴，特别是对腓特烈，他喊他弗里茨。弗里茨长了一头卷发，喜欢音乐、诗歌和花哨的衣服。他的父亲不喜欢他这样，他希望他的儿子将来成为一名优秀的战士。因此，他父亲经常对他发火，有时候甚至会向他扔盘子，还一连把他关上几天，只给他面包和水，甚至会用藤条鞭打他。是不是觉得很不可思议？哪有父亲会这样对待自己的孩子呢？最后弗里茨再也受不了了，就逃跑了。但是，他还是被抓了回来。他父亲见儿子这么不听话、不争气，一气之下，竟要杀掉他——真的，要处死他——幸好在最后一刻这件事被人劝住了。

但不可思议的是，在小弗里茨长大成为腓特烈之后，真的成为了他父亲所期望的那样——成为一个了不起的士兵和战士。但他仍然热爱诗歌，喜爱音乐，他能把长笛吹得很好。腓特烈最大的愿望是让他的国家成为欧洲的强国。在他继位之前，普鲁士一直都是一个无足轻重的小国，没有人把它放在眼里。

腓特烈大帝

普鲁士的邻国是奥地利，在腓特烈成为普鲁士国王的同时，玛丽亚·特蕾西亚登上了奥地利的王位。有的人认为女人不应该统治国家，还想用这个做借口发动战争。腓特烈的父亲曾答应过玛丽亚·特蕾西亚——他承诺不会因为她是女人而发动战争——但是腓特烈成为国王后，他希望将奥地利的一部分土地纳入自己国家，他才不管玛丽亚·特蕾西亚是个女人，或者他父亲曾经答应过什么。就这样，战争自然就打起来了。不久以后，几乎欧洲每个国家都参战了，要么是支持腓特烈，要么是反对他。结果，腓特烈还是成功地得到了他想得到的地盘。

玛丽亚·特蕾西亚

但是，玛丽亚·特蕾西亚并没有认输。她想要夺回属于自己的东西。她开始悄悄地、秘密地准备再一次和腓特烈交战，还暗地里悄悄地说服了一些国家给予支持。但是腓特烈事先得知了她的动静，就向她发起了突然袭击，这第二次战争持续了7年之久，被称为“七年战争”。腓特烈一仗接一仗地打，直到彻底击败了奥地利，也终于实现了自己的目标——让小国普鲁士成为欧洲最强大的国家。

讨厌德语的腓特烈

说来奇怪，虽然腓特烈是德国人，但是他却讨厌德语。他认为只有没有教养的人才说德语。他自己平时讲法语，用法语写作，当他不得不和仆人或不懂法语的人说话时他才讲德语。

虽然奥地利战败了，但不得不说，玛丽亚·特蕾西亚也是个了不起的女王，只是这个与她对抗的统治者太强大了，否则她一定会取胜。

说来奇怪，七年战争的战场不仅在欧洲，连遥远的美洲那边也打起来了。英国支持腓特烈，而法国和一些国家反对腓特烈，因此，在美洲的英国殖民者和法国殖民者开战了。当腓特烈在欧洲取胜时，在美洲的英国人也战胜了那里的法国人。如果腓特烈在欧洲战败，英国人在美洲也会败给法国人，那么现在美国人就很可能说法语而不是英语了。

爱护人民的国王

腓特烈认为只要可以战胜敌人，撒谎、欺骗或偷盗都无所谓，怎样都可以。但是他对待自己的人民可以说是无微不至了，他为他们尽心尽力。他为自己的“大家庭”而战，即使全世界都与他为敌，他也不在乎。

在腓特烈的王宫旁边有一个磨坊，已经很破旧了，它在宫殿的附近实在不好看，国王想把它买下来，以便拆除清理掉。但是磨坊主不肯卖，尽管腓特烈大帝出一大笔钱，磨坊主还是拒绝了。要是换成其他国王就会直接强占了磨坊，说不定还会把磨坊主关进监狱或处死掉。但腓特烈什么也没有做，他认为即使最卑微的臣民也有自己的权利，如果他不想卖，就不应该逼他卖。所以，他没有再打扰磨坊主，如今磨坊还和以前一样矗立在王宫旁边。

美国的诞生

为自由独立而战

The Birth of America

区位 | 北美洲 · 美国　时间 | 18 世纪

美国曾有一个英国国王

华盛顿

你知道美国曾经也有过一个国王吗?

他的名字叫乔治。

不，不是那个“国父”乔治 · 华盛顿。

这是另一个乔治。

还记得英国的斯图亚特王朝——从 1600 年到 1700 年，詹姆斯、查理及这个家族的其他成员统治着英国。大约在 1700 年英国把斯图亚特这个家族的人已经用光了——再也没有斯图亚特家族的后裔了。

但是，英国必须再找一位国王，迫不得已他们从德国请了一位王室的远亲来统治英国。他的名字是乔治，英国人称他为“乔治一世”。乔治连英语都不会说，他是德国人，肯定更爱自己的国家。他的儿子乔治二世后来继任，不过他也是德国人，等到他的孙子乔治三世即位时，他就是一个土生土长的英国人了。正是在乔治三世的统治时期，美国诞生了。

美国从两个“殖民地”——詹姆斯敦和普利茅斯发展而来，后来它逐渐发展，直到大西洋沿岸有了许多殖民地。一开始在这里定居的大多数人是英国人，不久，其他国家的人像德国人、荷兰人、苏格兰人、爱尔兰人也来到这里，英国国王统治着所有人。国王要求他们纳税，可是，征收来的税款应该花在纳税人身上，用于道路建设、学校教育、社会治安、公共福利等方面，而不是让国王自己花的。

【美】约翰·特朗布尔《独立宣言》

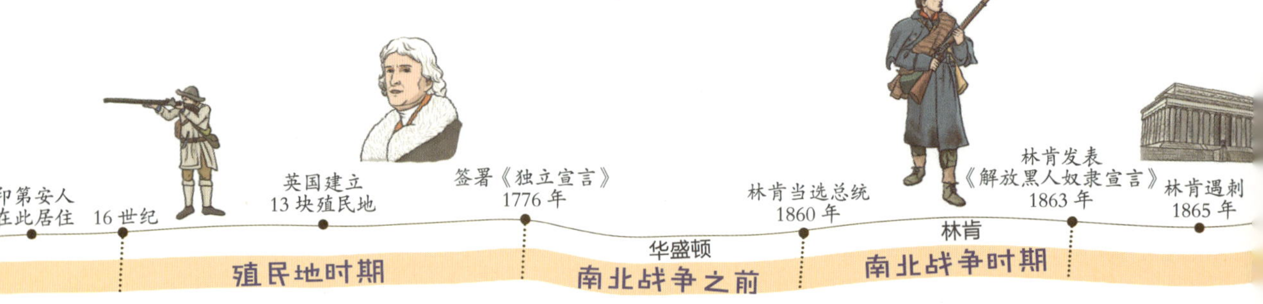

《独立宣言》

在大西洋海岸的这些人，认为自己应该有投票权来决定这些钱应该怎么花和花在什么方面才对。但是他们没有投票权，于是他们不想再给远在英国的国王纳税了。

他们的领头人中有一个叫本杰明·富兰克林。他是一个蜡烛工人的儿子，小时候家里很穷，但是后来他成为了备受尊敬的人。他在印刷厂当过学徒，后来创办了美国最早也是最好的一份报纸，他是伟大的思想家。他还发明过炉子和灯。可以说，他是西方最伟大的智者之一。

富兰克林被派往英国，试图和国王在殖民地纳税的问题上达成某种协议。但是国王乔治很顽固，拒绝了富兰克林。

美洲的人们发现谈判根本没用，就开始反抗。他们组建了一支军队，需要找个合适的人来当将领。这个人必须诚实勇敢，有敏锐的头脑，他还必须是个优秀的战士并且热爱自己的国家。他们四处寻找具备这些品质的人，最后他们找到了一个。可能，现在你应该猜到他是谁了——对了，就是乔治·华盛顿。

乔治曾经当过测量员——当时他只有 16 岁，他被雇去测量费尔法克斯勋爵在弗吉尼亚的大农场，这说明他有聪明的头脑。后来，他当了兵，在“七年战争”中作战勇敢，表现突出，这表明他很爱国，而且英勇善战。乔治·华盛顿就这样被选出来了，领导美国军队对抗英国人。

华盛顿在测量费尔法克斯勋爵的农场

威尔逊
"一战"时期
美国参战
1917 年
经济大萧条
1929 年—1933 年
罗斯福
“二战”时期
珍珠港事件
1941 年
中美建交
1979 年
“9•11”事件
2001 年
“二战”以后

本杰明·富兰克林

富兰克林引雷电

美洲人一开始并没想到要独立，他们只想获得和英国人同样的权利。很快他们发现要想得到那些权利，只有一条路可走，那就是建立一个新国家，从英国独立出去，于是一个叫托马斯·杰斐逊的人起草了一份文件——《独立宣言》，文件宣布殖民地将脱离英国，成为一个独立的国家。人们推选了56个代表在这份宣言上签字，每一个签名者心里都清楚，如果不能取得胜利，他们都要作为英国的叛国者被处死，但他们还是义无反顾地签了名。不过，仅仅单方面宣布独立是不可能的，国王乔治肯定会派军队去阻止他们。

用风筝“引雷电”

在18世纪中叶，人们对电的还是不够了解。人们惧怕雷电，把雷击看成是上天的惩罚。富兰克林却想到用风筝去捕捉雷电。他在风筝上装了一根铁丝与亚麻风筝线联接起来，风筝线的末端拴了一个金属钥匙环。在1752年7月的一个雷雨天，他和他的儿子一起做了著名的“风筝实验”。闪电击中了风筝框上的金属丝，亚麻风筝线上的纤维顿时直竖起来，而且能够被手指吸引。富兰克林用食指靠近钥匙环，骤然间，一些电火花从他食指上闪过。富兰克林兴奋极了，他抱起儿子大喊：“电，‘天电’捕捉到了。”

为独立而战

华盛顿只有一支小军队同英军对抗，军费少得可怜，粮食、衣物供应不足，炸药和子弹匮乏。但是华盛顿一直激励他们，保持士气。

本杰明·富兰克林又再次去了大洋彼岸，这次他去了法国，看看能否从那里得到一些援助。法国痛恨英国，因为在“七年战争”中，法国失去了美洲的部分土地——加拿大，但是最初法国不愿意帮忙，因为华盛顿的军队吃了好几次败仗，人们通常不愿支持失败者。《独立宣言》发表后的第二年，美国军队在纽约州一个叫萨拉托加的地方大败英国人。法国国王这时对这场战争才有点兴趣了，于是他向殖民地提供援助，让这场战争继续打下去。

这时，英国看到局势对自己越来越不利，想和美洲人讲和，同意给予他们与英国公民同样的权利，但是已经太迟了。如果是战争刚开始，美洲人可能会同意讲和，但是他们现在只想从英国独立出来，于是战争继续。

英国人在北方的萨拉托加被他们口中所谓的“美国佬”打败后，又派他们的将军康华利勋爵去南方作战。美军南方的部队由格林将军领导。康华利勋爵想和格林正面作战，但是格林东躲西藏带着康华利在各地兜圈子，直到康华利的军队完全累垮了，最后在弗吉尼亚海岸边一个叫约克镇的小地方。康华利和他的军队在那里深陷重围，无法逃脱，最终只得投降。

美国，美国

没办法，国王乔治只能认输。1783 年，双方达成和约，结束了打了 8 年之久的战争，殖民地脱离英国而独立。这次战争被称为“独立战争”，这个获得独立的国家被称为美国。

起初，美国只是一个由 13 个殖民地组成的联邦国家，这就是为什么美国国旗上有 13 道彩条。

华盛顿被推举为美国第一任总统，所以他被称为“国父”；他是独立战争的第一人，和平时期的第一人，也是美国国民心目中的第一人。

独立战争

拿破仑 矮小的巨人

Napoleon

区位 | 欧洲 · 法国　时间 | 18 世纪

矮个子的将军

拿破仑

前面我们说到的法国大革命，终于轰轰烈烈地结束了。

一个年轻的士兵结束了它，他才 20 多岁，身高不到一米七。

当时，革命政府正在王宫里开会，而此时街道上愤怒的暴民正企图攻打王宫。一个年轻的士兵受命带了几个人，去赶走暴民。这个年轻士兵将大炮对准王宫外的每一条街道，这下子没人敢露面了。这个年轻士兵就是拿破仑 · 波拿巴。

拿破仑出生在地中海一个叫科西嘉的小岛上。就在他出生前几周，科西嘉岛才被划归法国。他刚够年龄，就被送到法国的一所军事学校学习。学校里的法国同学不喜欢他，把他当作外国人，不愿和他来往。但是拿破仑算术成绩很好，非常喜欢攻克难题。有一次为了钻研一道难题，他把自己关在屋里，待了三天三夜，直到解出答案。

将军成了国王

拿破仑有非常优秀的军事潜质，在年仅26岁时，就擢升为将军。

当时欧洲其他国家都有国王，而法国却因为革命，除掉了自己的国王。其他国家的国王担心他们的人民也染上革命热，所以把法国当成敌人。此外，法国军队还不断入侵邻国，要帮助它们除掉自己的国王。所以，战火又一次燃烧起来。

拿破仑被派去攻打意大利。他必须越过阿尔卑斯山，就是以前汉尼拔在布匿战争中翻越的那座。但是和汉尼拔不一样，拿破仑的军队要带着大炮翻山越岭似乎是不可能的。拿破仑问他的工兵能否做到，工兵都觉得不可能。

“不可能？”拿破仑气冲冲地说，“这个词只有在蠢人的字典里才能找到。”接着他喊道：“让阿尔卑斯山见鬼去吧！”拿破仑冲向前，带领军队越过了阿尔卑斯山脉。他的军队在意大利打了胜仗，当他回到法国时，作为凯旋的英雄，他受到了人们热烈的欢迎。但是那些法国统治者害怕他会自立为王。

这时，拿破仑主动要求去征服埃及，那时候埃及是英国的殖民地，得到了埃及后，他就可以切断英国与印度的联系。可是英国已经失去了美国，当然不愿再失去印度。

法国政府巴不得摆脱拿破仑，于是他们应他的要求把他派到了埃及。像恺撒大帝那样，他很快征服了埃及，但是这一次可没有克利奥帕特拉那样的女人来搅乱他的计划。他在征服埃及时，在尼罗河河口等候他的舰队，舰队却遭到英国舰队的袭击并被摧毁。指挥英国舰队的几乎可以算得上是当时世界上最伟大的海军将领，他就是纳尔逊勋爵。

拿破仑的后路被断了，他没有办法把军队带回法国。他把留在埃及的军队

【法】雅克 · 路易 · 大卫《拿破仑一世及皇后加冕典礼》

交给另一个人统领，自己设法找到了一艘船，回到了法国。到达法国后，他发现革命政府内部出现了争执，他知道自己的机会来了。他想尽一切办法，让自己当选为统治法国的3个执政官之一，他被称为第一执政官。没多久，他就被任命为终身第一执政官；再不久，他就坐上了王位，成了法国和意大利的国王。

拿破仑征俄战争

拿破仑的征途

欧洲其他国家开始担心拿破仑也会侵略它们，因此，这些国家都联合起来，一起对付他。拿破仑计划先征服英国，他准备好一支舰队，要横渡海峡去英国。但是他的舰队在西班牙沿海被英国海军司令纳尔逊勋爵拦截了。在战役打响前，纳尔逊对将士们说：“英国期望每个国民都能为国尽责。”的确，他们做到了。拿破仑的舰队被彻底摧毁了，不过纳尔逊本人也在这次战役中阵亡了。

这时拿破仑放弃了征服英国的念头，把注意力转向相反的方向。他已经打败了西班牙、普鲁士和奥地利。几乎整个欧洲都是他的天下了。接着他犯了一个大错误——准备进攻俄国。俄国离法国很远，国土辽阔，又时值冬季，天寒地冻。尽管如此，拿破仑还是率领军队克服困难，成功抵达俄国的中心莫斯科。但是俄国人一把大火烧了这座城市，毁掉了所有的粮草。俄国天气极冷，处处都是厚厚的积雪，在撤退的途中军队损失惨重。拿破仑自己走了一条捷径，很

【德】彼得·冯·赫斯《别列津纳河战役》

快就直奔巴黎了，却让士兵自己寻路而归。成千上万的人和马死于严寒和饥饿。拿破仑虽抵达巴黎，但是他的运气也开始走下坡路了。全欧洲都做好准备除掉这个暴君，不久他就在敌人的包围之下被打败了。

人生“滑铁卢”

拿破仑看到大势已去，就签署了一份退位诏书，宣布他将退位并离开法国。他乘船离开法国去了一个叫厄尔巴的小岛，就在意大利海岸边，离他出生的那座岛不远。

但是，在厄尔巴岛上拿破仑并没有死心，他觉得自己并未全盘皆失，还能返回法国，重掌大权。于是，某一天他在法国海岸登陆了，这让法国和全世界大吃一惊。法国政府紧急派出一支由拿破仑旧部组成的军队去抗击他，打算把他装在铁笼子里押回巴黎。但是当这些部队遇到他们昔日的将军，他们反而站到他的那一边，跟随他向巴黎进发。英德两军聚集在法国北部，准备迎战拿破仑。

1815年，在一个叫滑铁卢的小镇，双方展开了激烈的斗争。在这里，拿破仑打了最后一次战役，因为他被一位名叫威灵顿的英国将军彻底打垮了。

我们现在还把那次惨痛的失败称为遭遇了“滑铁卢”。

滑铁卢战役后，英国人带走了拿破仑，把他流放到海上一个叫圣赫勒拿岛的遥远的小岛上，他在那里生活了6年后死去。

拿破仑可能是历史上最伟大的将军，但这并不意味着他是一个伟大的人。有些人说他是一个恶人，因为他不惜牺牲千万人的性命，仅仅为了个人的成就，还将整个欧洲卷入其中，给这些地方带来了破坏和毁灭。

【奥】冯·佩格《战败的拿破仑》

解放运动

不再沉默的拉丁美洲

The Movement for Liberation

区位 拉丁美洲　时间 19世纪

肤色各异的拉丁美洲

当你想到墨西哥、南美洲和加勒比海群岛这些地方时，或许会联想到美丽的海滩，或者类似狂欢节这样的活动。但你听说过西蒙·玻利瓦尔这个名字吗？他是南美洲的一个大英雄，在南美洲家喻户晓，就像乔治·华盛顿在美国一样出名。

墨西哥属于北美洲，它和中美洲、南美洲及加勒比海诸岛国，都有着悠久的历史。

还记得前面说过，在哥伦布发现“新大陆”后，西班牙征服了加勒比海的大多数岛屿，然后是中美洲、南美洲和墨西哥。他们占领了美洲印第安人许多不同部落，发现了大量黄金和白银。他们让当地人在金矿和银矿里干活，把开采出的贵金属运回西班牙，让自己的国家更加富有。其他欧洲国家看到后，也想分一杯羹。不久，葡萄牙人占领了如今巴西的那块土地；英国和法国夺得了北美洲东部地区；英国、法国、荷兰，甚至还有丹麦夺走了中美洲和南美洲沿岸的一些岛屿和一小块土地。

早期的西班牙移民多数是男人。他们中许多人娶了美洲印第安女人，那些出生的“混血儿”被称为“梅斯蒂索人”，若欧洲人彼此相结合，生下的后代则被称为“克里奥尔人”。在一些地方，还有从非洲运来奴隶为他们干活。因此，拉丁美洲的人不仅容貌不同，皮肤也是各种颜色的都有。

西班牙国王派出一些官员管理这些地方，这些官员征收税款，还不允许任何人对他们的管理有意见。

克里奥尔人认为应由他们管理当地事务，并在美洲发现的所有财富都应该归他们所有；美洲印第安人和梅斯蒂索人则认为他们应该拥有和克里奥尔人或那些官员一样多的权力；当然啦，那些奴隶也不愿当奴隶，他们非常渴望得到自由。

拉丁美洲独立战争

这样一来，矛盾就产生了。事实上，在美国革命和法国革命后不久，各地都爆发了多次革命。

海地的独立斗争

最早一次大革命发生在海地。海地是加勒比海的一个岛国，是法国殖民地。1789 年法国大革命爆发后，海地人民听到了那个著名的口号：“自由、平等、博爱”。他们都被这个口号打动了。但是海地人民对这个口号意义的理解并不一致！就像上面所说的，克里奥尔人、海地的普通人及那些奴隶，他们都有着各自的利益需求。不久，这些人就开始发生混战了。

往往时势造英雄，一个强有力的领袖在这次起义中诞生了，他掌控了大局，领导人民走向胜利，这个人就是杜桑·卢维杜尔。杜桑是奴隶出身，据说他是一位非洲国王的孙子。他会读书写字，了解法国革命的一切，有着自由、平等的理想，他也清楚当奴隶是多么悲惨。所以他和同伴们进行艰苦卓绝的斗争，直到法国政府废除了海地的奴隶制度。之后他继续斗争直到他升任当地政府的主管。他执政的那几年，可以算得上政绩卓越了。他要求黑人和白人一起工作，重建因战争而四分五裂的国家，于是海地开始复苏。拿破仑在法国掌权后，他不喜欢这个有能力的杜桑。不管出于什么原因，拿破仑派兵前往海地，用一种卑劣手段俘虏了他。杜桑被押解到大洋彼岸，被送进法国的一个监狱。一年以后他死在狱中。但是海底的革命斗争并没有彻底失败。不久，一个叫让·雅克·德萨利接替了杜桑继续战斗，海地最终成为一个独立的国家。

杜桑·卢维杜尔

伟大的“解放者”

在西班牙的美洲殖民地中，也有许多不快乐的人。就像海地人，他们听说了美国和法国的革命，开始对自己的生活满腹牢骚。在1800年后不久，发生了很多事情。首先，在欧洲拿破仑征服了西班牙，撵走了国王。拉丁美洲人民把这看作一个借口，他们可以宣告独立了。

最初，阿根廷组织了一支军队，赢得了独立。领军的是圣马丁，他这时决定实行一个危险的计划。他率领军队翻越高高的安第斯山脉进入智利，后来再到秘鲁，为那些地方的独立而战。

在整个拉丁美洲历史上，最著名的英雄是西蒙·玻利瓦尔。西蒙·玻利瓦尔出生在委内瑞拉的加拉加斯，他是家里4个孩子中最小的。他的父母是富有的克里奥尔人，有好几所房屋、银矿和铜矿、大批的牛群、种植糖料作物和可可树的大农场。你大概认为西蒙一定是个非常幸运的小男孩，但是实际上，在西蒙不到3岁的时候，父亲就去世了，而他母亲也在距他9岁生日还有两个星期时去世了。孩子们被送到不同的地方生活。西蒙和他的一个叔叔住在一起，叔叔对西蒙非常冷淡，令他常常想念其他的兄弟姐妹。

在西蒙11岁的时候，他的叔叔请来了一个年轻人当他的家庭教师。那时候，有钱人家的男孩子都有私人家庭教师。西蒙的新老师也叫西蒙——西蒙·罗德里格斯。这个年轻的老师把那些新思想都教给了西蒙·玻利瓦尔，还给他讲美国革命和法国大革命，叫他去看看那些委内瑞拉的美洲印第安人和奴隶们的悲惨生活，看看西班牙人是如何不让殖民地人民独立自主的。在这样的教育下，西蒙·玻利瓦尔长大后成为一名革命者就没有什么奇怪的了。

西蒙·玻利瓦尔

1811年，委内瑞拉的克里奥尔人宣布脱离西班牙独立，南美洲人民为了实现独立必须同西班牙人战斗。西蒙·玻利瓦尔成为起义军中级别最高的将领之一。第二年，加拉加斯发生了一场可怕的地震，有上万名起义军战士在地震中丧生。许多人本来是要放弃的，但是西蒙·玻利瓦尔坚定不移，他重新组织了一支军队，继续战斗。最终他解放了委内瑞拉，接着解放了哥伦比亚、玻利维亚和厄瓜多尔。玻利瓦尔被选为这个刚刚独立的国家的总统。他把这个新国家命名为大哥伦比亚，以纪念克里斯托弗·哥伦布。

玻利瓦尔希望统一所有的拉丁美洲国家，但是他的计划从未成功。那些摆脱了西班牙统治的地方，最后分裂成现代中美洲和南美洲的许多各自独立的国家。有一个国家就是以著名领导者玻利瓦尔的名字命名的，那便是玻利维亚。

在大多数新独立的国家中，有钱人不愿意同平民分享权力，他们也拒绝把土地还给美洲印第安人，更也不想按照西蒙·玻利瓦尔希望的那样去废除奴隶制。所以独立以后，拉丁美洲的所有问题都没有得到很好的解决。尽管如此，西蒙·玻利瓦尔依然是南美洲和中美洲所有国家的英雄。在这些地区，他被称为“解放者”。

第 40 章

近代化的开端 1854—1865 年的日报

The beginning of Modernization

区位 | 英国、日本与美国　时间 | 19 世纪中期

如果你在祖母家，或者在某个旧箱子里仔细搜寻一番，也许会找到一些很久以前的杂物，诸如旧书、旧报纸之类的。今天要讲的事情都发生在 1854—1865 年，如果你生活在那个时候的美国，也许真的会在报纸上读到这些事情，就在“外国新闻”这一标题下。

战争中诞生的白衣天使

在英国的“维多利亚时代”，英国和俄国爆发了一场大规模的战争——克里米亚战争。在这场战争中，成千上万的英国士兵因为伤重和疾病死在那片遥远的土地上。

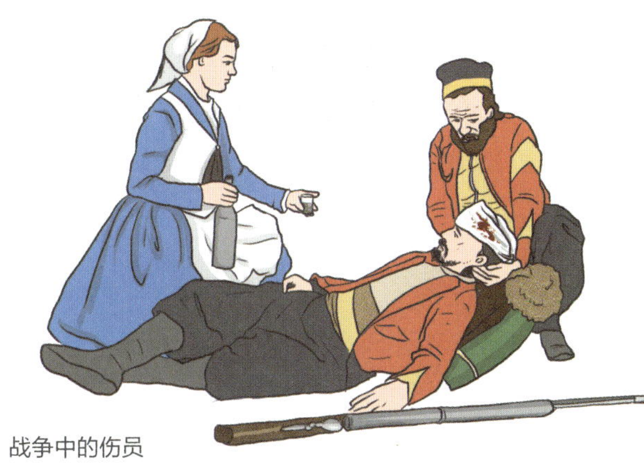

战争中的伤员

这时候，英国有一位名叫弗罗伦斯·南丁格尔的女士。她心地善良，总是关怀照料那些生病的人。其实在小时候，她就经常和玩具玩“生病”的游戏，假装它们生病头疼或者断了一条腿，然后把它想象成病人来照顾它。她的狗生病时，她也像照顾人一样细心地照顾它。

当南丁格尔听说有大批大批的英国士兵死在远离家乡的土地上，还听说那

克里米亚战争

俄国十分遥远，所以英国人必须用船把士兵运到地中海，再经过君士坦丁堡进入黑海。俄国有一小块土地突出到黑海里，英俄战争大多数发生在那里。这一小块土地叫作克里米亚半岛，因此这场战争就叫作“克里米亚战争”。

南丁格尔在寻找伤员

里没有护士照顾伤员的时候，她便组织了一些女人，一起前往克里米亚。在她到来之前，几乎有一半的受伤士兵都死掉了。而在她们来了以后，经过她们的细心照料，一百个伤兵中只有一两个死去。她经常夜里还提着一盏灯在营地四处巡视，在战场上寻找伤员。战士们都敬爱她，称她为“提灯女士”。

这场战争一直持续到1856年才结束，以俄国的失败而告终。战争显示出俄国农奴制的腐败和无能，加深了农奴制的危机，并使促使它走向崩溃。

战争结束后，南丁格尔回到了英国，政府为了表彰她的贡献，奖给她一大笔钱。但是她不愿私自占有这笔钱，而是用这笔钱创办了一个培训护士的学校。如今，专业护士差不多和医生一样重要，但是在那时候是没有专业的护理人员的。弗罗伦斯·南丁格尔是世界上第一个真正的女护士，开创了护理事业，现在她几乎被尊为圣人。

走向改革的日本

战争促使了俄国政体的改变，在那个时期，还有一个国家的政体也在悄悄发生改变。你知道是哪里吗？不，不是在欧洲，是亚洲。

日本是靠近中国的一个群岛。虽然前面没有介绍过日本，但是它也是一个古老的国家，甚至在罗马建立之前就已经存在了。在欧洲，国王和统治者、人民和国家在不断变更替换，但是在日本，自从公元前开始他们的历代国王都来自同一个家族。

幸运的是，那么多年以来日本岛屿从未被外国军队占领过。但是在1853年，也就是英国开始克里米亚战争的前一年，一个名叫佩里的美国海军准将率领美国军舰，进入了日本重要的东京湾。于是，日本天皇同意美国人进入日本并在日本经商。

在西方文化的冲击下，日本开始了自上而下的资产阶级变革运动——明治维新，这次改革使日本政府建立了君主立宪政体。

废除奴隶制的林肯

除了欧洲和亚洲，这个时期的美洲，貌似也不大太平。如果是1861—1864年间的报纸，上面的大部分内容应该都是关于战争的。这是一场美国内部的战争，我们称之为“南北战争”。

美国的北方和南方，在一些大事上出现了意见分歧，其中最重要的是南方人是否可以拥有奴隶这一问题。这场战争影响很大，几乎整个美国都被卷入其中，成千上万的美国人在这场战争中死去。

从1861年到1865年，战争持续了4年，战争结束后，终于确定任何人都不能在美国拥有奴隶。

当时的美国总统叫亚伯拉罕·林肯。林肯出生在一间小木屋里，从小家庭贫困。林肯白天在父亲的农场里干活，到了夜晚他就借着火堆的火光自学读书。他只有几本书，翻来覆去地看，不知读

林肯

了多少遍。其中一本书你应该也读过，就是《伊索寓言》。

林肯年轻时当过店员。一天一个贫苦的女人在店里买了一小包茶叶，她走后，林肯发现她多给了钱，于是他关上店门，走了很远的路到她家去退还多余的零钱。从那以后人们开始叫他为“诚实的亚伯拉罕”，因为他总是这样正直、善良。

他刻苦学习，后来成了一名律师，最后当选为美国总统。在担任总统期间，他宣布废除奴隶制。

一天晚上，林肯正在福特剧院的一间私人包厢里观看演出。一个叫约翰·威尔克斯·布思的人反对林肯解放奴隶，他突然闯入总统包厢，开枪袭击了林肯，第二天林肯就不治身亡了。

林肯是美国最伟大的总统之一。华盛顿建立了美国，而林肯防止了美国的分裂。他将整个美国团结在一起，并为美国发展成现在这样伟大的国家奠定了坚实的基础。

林肯视察兵营，与士兵们握手

德、意、法 欧洲的三个“新”国家

Three "new" Countries

区位 法国、德国与意大利 时间 19 世纪

拿破仑三世

让我们回头看看，自从拿破仑时代之后，欧洲又发生些什么事情。

拿破仑被流放到厄尔巴岛以后，法国人得再找一位统治者。他们希望恢复原来的王室家族，这个家族姓“波旁”。因此他们试用了三个波旁家族的人——一个接一个——这三个都是原来那位被砍头的国王的亲戚。

可结果，这三人都当不了国王。法国人已经给了波旁家族这么多证明自己的机会，所以最后他们不再考虑国王的人选了，而是又一次建立了一个新的共和国。

那么，共和国就要有一个总统，而不是国王，所以人民还得选出一位总统，你猜他们选出了谁？呵，是拿破仑的侄子——路易·拿破仑。他曾经为了当上国王策划密谋了一次又一次，但是都失败了。现在他居然被选为总统了！但是路易·拿破仑不只想当个总统，他希望像他的叔叔那样成为伟大的人物。他梦想成为皇帝，征服整个欧洲，于是在成为总统后不久他就让自己当上了皇帝，而且自称为“拿破仑三世”。

拿破仑三世嫉妒自己的邻国普鲁士。他认为这个国家正在渐渐变得强大。

这个时候普鲁士的国王叫威廉，他本人就非常能干，再加上有一位精明强干的首相名叫俾斯麦。俾斯麦也一直想找个借口同法国打仗，这下正好同拿破仑三世的想法不谋而合。不久，在 1870 年，两国间爆发了一场战争。拿破仑很快就发现挑起这场战争是一个错误的决定。普鲁士不是正在“变得”强大，而是已经太强大了。

【德】弗朗茨·冯·伦巴赫《俾斯麦肖像》

拿破仑三世被普鲁士彻底打败，他只得带着一支大部队投降了。后来，他感觉自己无颜面对江东父老，直接去英国隐居了。

强大的德国

普鲁士军队进攻巴黎，要求法国人赔偿他们巨额的战争赔款。有些法国城镇表示他们支付不起，俾斯麦就把当地的领袖找来，排成队，告诉他们如果他们筹不到规定数额的钱，就把他们枪毙。法国人无奈之下交了赔款，让所有人震惊的是，他们只用了两年就付清了这笔巨额赔款。但是法国人久久难以忘怀他们被迫赔款的耻辱，以及普鲁士人对待他们的恶劣态度，所以很长一段时间内，这两个国家都是不共戴天的仇敌。

普鲁士附近有一些小国，它们被称为“德意志邦国”。尽管这些国家的人民彼此血统非常相近，说着同一种语言，可是这些国家却各自为政。由于这场战争，普鲁士将所有德意志邦国联合在一起，组成了一个强大的国家，叫作德国。其他国家都很惧怕德国，因为它的军队强大，士兵英勇好战。威廉一世成了整个德国的皇帝，被称为“德意志帝国皇帝”。他在路易十四在凡尔赛建造的法国皇宫举行了加冕仪式。

法国人认为德国能够赢得这场战争首先是因为他们有公立学校，孩子们可以在公立学校里接受系统训练；除此之外，还因为他们训练士兵的先进方式。所以法国认真着手在各处开办公立学校，并模仿德国人训练军队的方法，这样就能为下一次战争做好准备。

从此之后，法国成为一个共和国，总统和议会都由人民选出。法国人民再也不希望有皇帝了。

威廉一世

意大利的统一

那时，意大利还不像现在这样是一个统一的国家，而是由许多小城邦组合在一起的，就像当初的德国那样。其中有些城邦已经独立，有些为法国所有，还有几个属于奥地利。其中一个意大利城邦的国王叫维克托·伊曼纽尔。他希望意大利所有城邦都统一起来，成为一个完整的国家，就像德国一样。他有两个得力的助手，一个叫加富尔，他聪明能干，政治才能很突出；另一个名叫加里波第，是一位粗野但却富有传奇性的民间英雄，人称“红衫军勇士”。

加里波第曾经是一个制蜡烛的工匠，虽然贫穷，却仗义轻财。他非常受欢迎，每当他召唤士兵们和他一起为意大利而战时，人们总是能马上聚集到他周围，随时准备战死沙场。

最终这三个人——维克托·伊曼纽尔、加富尔和加里波第，成功地把意大利统一为一个国家。意大利人民为他们竖立了纪念碑，以他们的名字命名街道。为了颂扬英雄，他们把这座建筑物建得比伯里克利时代雅典的任何建筑物，或者比文艺复兴时期意大利的任何建筑物都美丽、壮观。

发明创造的时代 轰隆隆的蒸汽机

The age of invention and creation

区位|全球 时间|18 世纪 60 年代

什么是奇迹？

或许你会认为发生奇迹的时代应该就是《圣经》里所写的那个时期吧？

但是如果那个时期的人们重返“现在的”地球，他一定会认为现在这个时代才是产生奇迹的时代。

如果他听到你用电话和千里之外的人说话，他大概会认为你是个魔法师。

如果你让他看到人们在电影里或电视屏幕上活动和说话，他会认为你是个巫师。

如果你打开磁带放送机或收音机，让他听到乐队的演奏，他会认为你是个魔鬼。

如果他看到你坐飞机在空中飞过，他也许会认为你是上帝呢！

我们已经习惯了电话、电视和录音机，习惯了汽车和飞机，习惯了电灯、电影、收音机和奇妙的照相机，因此我们根本无法想象，如果没有这些东西，世界会变成什么样子。然而在 1800 年的时候，这些发明都还没有问世呢。

无论是乔治·华盛顿还是拿破仑都从未见过飞机或汽车，他们从未用过电话、收音机甚至自行车，也从未听说过汽油发动机或柴油机或电灯，他们甚至从未想象过人会在月球上行走、能拍到火星的特写照片，还有电视机，甚至打字机这类东西，更别说电脑、雷达和X光了！

蒸汽带来了什么变化

最近这100年所创造的奇迹比历史上所有的发明创造的总和还要多。

一个名叫詹姆斯·瓦特的苏格兰人是最早创造奇迹的魔法师之一，啊，或许我们应该称他们为发明家。瓦特在照看炉子上一只烧开的水壶时，发现壶里的蒸汽顶起了壶盖。这使他产生一个灵感，蒸汽也许可以像顶起茶壶盖那样顶起其他东西。于是他制造了台机器，机器里蒸汽顶起活塞，利用活塞的往复运动来推动轮子转动。这是第一台蒸汽发动机。

瓦特的蒸汽机可以推动轮子和其他东西，但是它自身没办法动。一个名叫斯蒂芬森的英国人把瓦特的蒸汽机装上轮子，让蒸汽机推动自身的轮子。这就是最原始的火车头。不久，这种奇特的发动机拉着怪模怪样的车厢就在美国的铁轨上跑起来了。一开始，这些火车只能跑几千米远，比如从巴尔的摩到费城。

后来，一个名叫罗伯特·富尔顿的年轻人想把瓦特的发动机装在船上，让它推动桨轮，这样船就可以航行了。起初人们嘲笑他，把他制造的船叫作“富尔顿的蠢物”。但是这条船开动了，富尔顿让那些嘲笑过他的人成了被嘲笑对象。他给他的船起名为“克莱蒙特”号。

早期的蒸汽轮船

远距离沟通

以前，没有人能和远方的人对话，直到发明了电报机。电报机发出一种咔哒声，电流通过电线可以从一个地方传到很远的地方。如果你在电线的一端按下按钮，阻止了电流通过电线传输，那么电线另一端的仪器就发出咔哒声。短的咔哒声叫作“点”，长的咔哒声叫作“划”。这些点和划代表了字母表中的字母，这样你可以通过点和划将拼出电报传过来的信息。

A是　·—　点划

B是　—···　划点点点

E是　·　点

H是　····　点点点点

T是　—　划

一个名叫莫尔斯的美国画家发明了这个奇妙的小仪器。他在巴尔的摩和华盛顿之间建了第一条电报线，而他发送的第一条电报是：“上帝创造了奇迹！”

一个叫贝尔的老师试图找到某种方法让耳聋儿童听见声音，在这个过程中，他发明了电话。电话传输语音如同电报机传输咔哒声一样。有了电话，你不必像使用电报那样，将点和线对应着字母，再拼出来。有了电话，任何人都可以用电话从世界的一边和世界的另一边通话，也可以和海上航行的船只，和空中飞翔的飞机通话。

如今的汽车已经非常普及了。最初，人们开车无须有执照，道路上也没有

莱特兄弟

莱特兄弟和飞机

在过去，有无数的人都尝试过飞行，但他们都失败了。很多人说飞起来是不可能的，只有傻子才去尝试。有些人甚至说尝试飞行是不对的，因为上帝只把飞行的能力赐给了鸟儿和天使。最后，经过多年的努力和成百上千次的试验，美国的莱特兄弟创造了不可思议的奇迹——他们发明了飞机，在1905年这架飞机在38分3秒内飞行了39千米！

任何交通管制——比如停车标志或红绿灯。这样会引发多少问题呀！一个名叫加勒特·摩根的非洲裔美国人发明了三色交通管理灯，并于 1923 年取得这项发明的专利权。交通信号灯的使用，给街道上的车辆和行人带来了安全。

发明大王爱迪生

爱迪生

我们知道，电灯是托马斯·阿尔瓦·爱迪生发明的。爱迪生被称为巫师，因为在中世纪，巫师被认为无所不能，能制造出各种奇妙的和难以置信的东西，能点石成金，大变活人。但是爱迪生发明了连童话故事里的巫师都想不到的东西。

爱迪生小时候家里很穷，每天在火车上卖报纸和杂志。他喜欢做各种实验，还在行李车厢里布置了一块他可以做实验的地方。但是他把车厢弄得一团糟，最后管理员把爱迪生的所有装备都扔出了火车。但爱迪生一直都坚持不懈，后来他发明了许多与留声机和电影有关的东西，他的发明既有用又重要，他比那些只会争斗和破坏的国王要伟大多了。

发明，让我们失去了什么

现在每天仍有很多人在坚持发明创造，但是有时，我们不得不去思考一个问题：现在的我们有了这么多的发明，真的比 1000 年前的人们更幸福吗？

现在的生活节奏更快，也更刺激，但是也有了更多的困难和风险。我们不再去唱歌，或拉小提琴、弹钢琴，只是打开收音机就行了，从而失去了音乐中的主要乐趣——自己创作音乐的乐趣。我们不再坐在一辆旧马车后面，颠簸前行，任马儿拉着自己走过乡间小路，而是开着危险的汽车高速行驶，一路必须全神贯注，不能有片刻分神。最重要的是，我们不再有纯净的空气，取而代之的是种种污染。

工业革命 科技的发展带来了什么

The Industrial Revolution

区位 | 全球　时间 | 18 世纪

工厂的出现

这是一场不一样的革命。

通常我们认为革命就像美国革命或法国革命那样，都是人们发动战争反对政府。但这场革命却是慢慢发生的，而且没有任何军队参与其中。然而它确实改变了世界。这场革命叫作“工业革命”。詹姆斯·瓦特的蒸汽机和罗伯特·富尔顿的汽船就是革命的一部分。

兴建工厂

正因为这场革命，我们现在有了汽车、飞机、收音机、电视机等，这是工业革命有趣的一面，但是随之而来的还有很多问题。这场和平的革命就像战争一样彻底改变了世界——或许带来的变化比战争更大！

工业革命期间，很多奇妙的新事物都是在工厂制造的。最早一批工厂是在英国建起的。这些工厂生产布料，接着生产服装，后来制造火车车厢和铁轨。不久，英国的工厂就开始生产各种样的东西，英国由此开始变得非常富有强大。

其他国家这时候就开始效仿英国，希望自己也能像英国那样富有、强大，于是这些国家也开始建工厂。很多欧洲国家，比如法国、德国和意大利，随后，美国和日本也这样做了。这些地方的工厂里都制造出大量产品，有服装和家具，还有汽车，甚至糖果。这就是工业革命。

“城市”的出现

工厂的出现，使社会发生了一个重大的变化：这些新建的工厂需要大量的工人。因此，一个个乡村家庭离开了农村，他们不再务农，而是去工厂当工人。所以一个重大的变化就是许多人不再耕作，而是成了工厂的工人。

在过去，有些人是在家里生产东西，再出去销售——像蜡烛、肥皂、毛衣等，我们称之为“家庭手工业”。工业革命之后，工厂生产同一种商品的效率大大提高。比如既然一家工厂生产毛衣又多又快，它就能卖得比个人织的毛衣要便宜一些。因此，很多以前在家工作的人就不得不去工厂上班了。

大多数工厂建在城市里，因此去工厂上班就意味着在城市中居住，不久这些城市就变得非常拥挤。在初期，人们不得不住得很密集，因为他们必须住得离工厂近一点，这样才能步行去上班。

等到有轨电车发明以后，人们可以住得离工厂远一些了。到19世纪末，电车开始普及，人们就能住得离工厂更远了。于是城市规模变得越来越大了，这就是第二个重大的变化。

工业革命带来了殖民侵略

在世界每个地方，甚至在还没有工厂的国家里，人们的生活也发生着变化。

你知道的，当你想要制作一些东西时，你必须找到一些“原材料”。所以生产服装、家具、汽车和糖果的工厂也需要生产原材料。有些工厂用印度产的棉花做服装；另一些工厂用产自非洲、亚洲和加勒比海周围国家森林里的木材做家具；汽车的轮胎是用橡胶做的，而橡胶树生长在非洲、亚洲和南美洲的森林里；糖果需要糖料作物，而糖料作物生长在像夏威夷和古巴那样的地方。这样，你大概明白了为什么全世界都感受到了工业革命了吧？

英国东印度公司标志

兴建工厂的那些国家需要来自世界各地的原料供应。不久，这些强大的国家就强行插手并接管供应原料的地方——例如，盛产棉花、红木、橡胶、甘蔗的地方。英国、法国、德国和其他欧洲国家将大部分非洲国家和许多亚洲国家变成了殖民地，其中就有因贩卖奴隶和鸦片而臭名昭著的英国东印度公司。日本则占领了朝鲜和其他邻近国家；甚至美国也有了自己的地盘，像夏威夷和菲律宾。

生活在这些地方的人们对外来者的侵占非常不满。虽然有时侵略者给当地带来了一些好处，比如现代化的医疗保健。但是，毕竟没有人真的愿意被别人呼来喝去。所以，在不到100年之后，世界各地的殖民地纷纷起义，为争取独立而战斗。

工厂对环境的污染

工业革命产生的弊端不仅仅是工业化国家夺取殖民地，另一个恶果至今依然困扰着我们——那就是环境污染。

我们知道，工厂有时会把有害物质直接排放到我们呼吸的空气中和我们饮用的水源中。这就是污染。人们呼吸了受污染的空气，喝了受污染的水，就会生病。

我们知道，多年以来，地球上的许多森林被砍伐，人们获取木材用来盖房子、做家具、造纸……当一片森林被破坏或者一片海域被污染，那么生活在那里的动物就失去了它们的栖息地，它们的数量也会逐渐减少，直至消失，这时我们就会说这种动物“灭绝”了。你能说出几种这样的动物呢？

自工业革命以来，产生的一些问题，我们至今还没有解决，或者你可以思考一下，有什么好的解决办法，和你的朋友们讨论一下。

第一次世界大战 全世界的暴乱 World War

区位 全球　时间 20 世纪初

战争的导火索

现在，我们要讲的是一场大规模的战争，它让全世界都陷入其中。

欧洲有个小国叫塞尔维亚。它是大国奥匈帝国的邻国。尽管它们俩是隔壁邻居，但关系并不好。这是因为奥地利除了统治本国居民以外，还统治着其他民族，其中有一些与塞尔维亚人有亲属关系。于是，塞尔维亚人组织了一些秘密社团，派人进入奥地利去挑起骚动。奥地利说塞尔维亚煽动人们的不满情绪，以此来分裂奥地利王国。

萨拉热窝事件

这时，一个住在塞尔维亚的年轻人开枪刺杀了奥匈帝国的王子，这位王子本来是要成为奥地利下一任国王的。

奥地利当然非常生气，并责怪塞尔维亚是罪魁祸首。塞尔维亚人说他们感到非常抱歉但是他们与王子的死毫无关系。这样的解释，奥匈帝国当然无法接受，认为是时候要惩罚一下塞尔维亚了，要让塞尔维亚为他们的行为付出代价了。就这样，不顾欧洲其他国家的竭力阻止，奥匈帝国对塞尔维亚宣战了。

战争之火开始蔓延

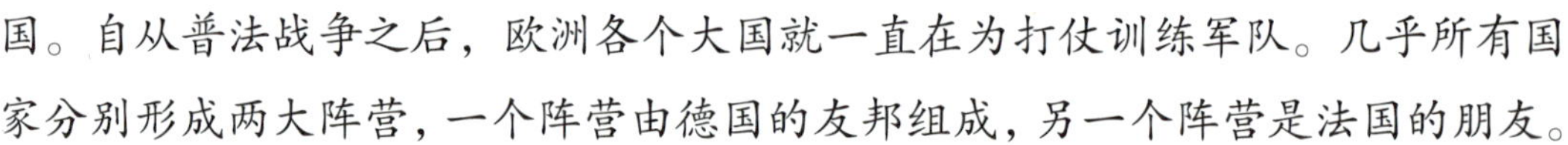

坦克

战乱开始蔓延，就像草地上的火苗一样，越烧越旺。俄国支持塞尔维亚，命令自己的军队准备出战；德国则支持奥匈帝国。自从普法战争之后，欧洲各个大国就一直在为打仗训练军队。几乎所有国家分别形成两大阵营，一个阵营由德国的友邦组成，另一个阵营是法国的朋友。

俄国是法国的盟友，所以当俄国准备出战时，法国命令自己的军队做好准备随时支援俄国。那就意味着德国位于两大敌人之间，一边是法国，另一边是俄国。为了避免腹背受敌，德国决定在俄国出战之前，就迅速出击摧毁法国。

要迅速赶到法国，德国就必须穿过小国比利时。德国和法国曾经达成协议，双方均不能行军穿过比利时，但是在战争开始后，德国军队违背了协议，进入了比利时。德国军队直扑法国首都巴黎，他们最远到达了马恩河，离巴黎只有30多千米了。正是在这个地方，法国在霞飞将军的指挥下挡住了德国军队。虽然在这场战役之后，战争又持续了4年才结束，但是如果马恩河战役德国打赢了，他们当时就会攻下巴黎，还可能把法国纳入德国的版图。

就在这个时候，英国也加入了战争，支持法国、比利时和俄国这一方。在当时，英国有世界上最强大的海军。德国海军还不够强大，无法和英国海军抗衡，所以德国把战舰都留在了国内。用潜水艇从水下出击，这样，英国军舰就很难拦截到他们了。这次战役不仅在陆地和海上进行，还在空中和水下。这在历史上还是第一次。

德国潜水艇攻击战船时有时候会出错，击沉了一些没有参战国家的船只。

这当然引起了这些国家的不满，所以在战争结束之前，几乎世界上所有的国家都卷入了战争。那就是为什么我们称它为世界大战。在这之后又发生了一次世界大战，所以我们把这次战争称为第一次世界大战。

战争的结束

在这场战争中，千千万万的人死去，千千万万的士兵受伤，无数金钱被花在了战争上，可是战争仍在继续，哪一方都没有获胜。这时，俄国爆发了一场革命，俄国人杀掉了他们的统治者沙皇和他的一家，拒绝再继续作战。局势对协约国来说看起来很糟糕。

直到 1917 年美国才加入战争，那时战争差不多已经打了 3 年了。美国是在德国潜水艇击沉美国船只、杀害美国人之后，才参战的。

美国在大洋彼岸，离战场很遥远。但是，在很短的时间内，美国用船派出了 200 万名士兵横渡大西洋，他们在潘兴将军的率领下打了许多大的战役。

最后，德国和它的盟国在 1918 年 11 月 11 日投降了，德国签订了一份协议，同意协约国提出的所有要求。历史上的第一次世界大战就此结束了。

德军投降

德国皇帝移居荷兰，德国成为了共和国；奥匈帝国变成了小奥地利，因为它原有的土地和许多人民都被分裂出来，成了一个个独立的国家；小塞尔维亚完全消失了，取而代之的是一个新国家——南斯拉夫，其中包括了塞尔维亚和一些小邦国。

短暂的 20 年 不太平的和平时期

The Short 20 Years

区位 | 全球　时间 | 20 世纪

一切为了和平

20 年有多长？对一个人来说，20 年很长。在世界历史中，20 年只是一个瞬间。从第一次世界大战结束到第二次世界大战开始，其间只有 20 年——20 年零几个月。大多数国家还没有完全从第一次世界大战中恢复过来，第二次世界大战就开始了。

“一战”后，世界各地的人们都希望不再有战争发生。第一次世界大战甚至被称为“结束所有战争的战争”。协约国的政府领导们在法国的凡尔赛会面，起草了一份和平条约叫《凡尔赛和约》。

和约规定德国军队的规模只能到维持国内秩序的水平，不可大到能够发动战争；德国不能有飞机，陆军不能有坦克，海军不能有潜水艇。和约还要求德国必须赔偿大笔款项给协约国，以弥补这些国家在战争中的损失。

之后，为了努力维持和平，许多国家在一起成立了一个国际联盟，总部设立在瑞士。人们希望国际联盟可以阻止战争的爆发。每个国家都派出代表出席国际联盟的会议。当面临战争时，国联就会警告好战国，要求它把自己的情况提交给国际法庭的法官们审理，让他们在那里解决争端而不是用战争解决问题。

国际联盟做出了努力，但是没有成功。这有几方面的原因。原因之一是美国决定不加入联盟。美国不希望出现这样的局面：万一哪个国家不顾国际法庭的裁决，发动了战争，国联能够决定美国何时必须派兵去阻止战争爆发。国联没有成功的另一个原因是无法让各国按自己的要求去做。它只能向各国提出自己的希望，却不能命令各国照此执行。

人们想，如果各个国家没有装备大量武器，或许会有所帮助。为此，那些海军强国在华盛顿举行了会议，同意限制各自的海军规模。人们还想到如果世界上所有的国家都郑重承诺不发动战争，或许会有作用。于是达成了一项反战条约，50 多个国家签署了这项条约，承诺不发动战争。

亚非欧的局部战争

尽管有国际联盟，尽管削减了海军，尽管有反战条约，但不久以后，一场场战争还是打响了。甚至两次世界大战之间的 20 年和平时期也并没有摆脱战争。新的战争首先在亚洲爆发了。

在美国海军准将佩里打开了日本对外贸易的大门后，日本很快成为一个工业国家。日本在学习西方工业文明的同时，也学到了其中的坏东西。1931 年，日本强占了中国的东北地区，后来日本人开始计划占领整个中国。中国人当然奋起反抗，阻止日本人的侵略。其他国家写信给日本政府，表示他们不愿意看到日本军队对中国用兵。

中国的抗日战争

“你们不是签署了反战条约吗？”这些国家纷纷责问日本。

但是没有一个国家试图出兵阻止日本，所以战争就继续下去了。中国人奋勇作战，但是因为几乎没有军备供应，很快日本就占领了整个中国东海岸，当时的中国国民政府也只好西迁重庆。

国际联盟不知道该如何阻止这场战争，直到第二次世界大战爆发时，侵华战争还在继续。当亚洲的战争还未结束，非洲的战争又爆发了。意大利军队开进了古老的国家埃塞俄比亚。

自国王埃扎纳时期以来，埃塞俄比亚一直是独立的国家，由国王统治。埃塞俄比亚国王的卫队只有一些枪支，他的士兵大多数只用长矛武装。意大利军队使用飞机、炸弹、大炮，甚至毒气，所以很快就攻占了埃塞俄比亚。

此时在欧洲的西班牙爆发了一场内战。在争夺统治权的问题上，一派西班牙人和另一派打起仗来。俄国没有试图阻止战争，反而派兵去帮助一方，而德国和意大利则派兵去帮助另一方。

经济大萧条和罗斯福“新政”

在这 20 年的和平时期里，除了战争，还有一些事情。在第一个 10 年，人们忙于生产、销售、购买和使用各种产品，这些产品是他们在战时无法享受到的。在美国，几乎每个想工作的人都能得到一份工作。各家工厂都忙着生产各种物品，大到汽车，小到晾衣夹。商业日益繁荣。人们在赚钱，也在不断消费。许多人认为繁荣兴旺的时期会一直延续下去。但是他们错了。

繁荣过后，就出现了商人们口中的“经济大萧条”。好的工作奇缺，数百万人根本找不到工作。工厂卖不掉生产出来的产品，许多工厂不得不关闭，这就导致更多的人失业。因此和平时期的最后十年是经济大萧条的混乱时期。

萧条持续了好几年，正当人们绝望的时候，富兰克林·德拉诺·罗斯福当选为美国总统。罗斯福上任的第一天说：“我们唯一需要害怕的事情是害怕本身。”罗斯福似乎知道该怎么办。他要求通过一些法律，把钱补贴给无法找到工作的人。

罗斯福总统发表全国广播讲话

接着政府雇佣了成千上万的人从事他们力所能及的工作：艺术家画画，音乐家举行音乐会，作家写书，工人除草、挖沟渠、建公园和做其他工作。这些人的工资由政府支付。罗斯福尝试许多新办法来管理国家，他的施政纲领方式被称为“新政”。

美国总统每4年选举一次，美国国父乔治·华盛顿曾连任两任总统后，拒绝担任第三任总统，自从以后，还没有人会三次当选为总统。但是当罗斯福的8年任期结束时，他第三次当选总统，在12年任期结束时，他又第四次当选总统，可他在第四次任期结束前就去世了，要不然他就会当16年的总统。

罗斯福并不能一下子就把经济萧条消除。但他确实让人们看到了一点希望，让人们避免了遭受饥饿的折磨。

在罗斯福第三个任期开始之前，20年的和平时期结束了。第二次世界大战已经在欧洲爆发了。美国人民希望自己的国家能够置身于战争之外。但是罗斯福觉得即使战争是在遥远的大洋彼岸，美国仍然有可能会遭到攻击，他领导国家进入战备状态以防万一。当美国遭到攻击后，罗斯福又带领人民在与德国、日本和意大利的战争中走向胜利。在德国人投降前的一个月他去世了。

20年的和平时期——人们成立了国际联盟，却无力阻止战争。经济繁荣走向萧条的后，接着就发生了历史上最大、最残酷的战争。20年有多久？它只是两次世界大战之间一段很短的休战而已。

第二次世界大战 最恐怖的战争

World war II

区位 | 全球　时间 | 20 世纪

可怕的独裁者

墨索里尼

在意大利，真正的统治者并不是国王，而是一个名叫墨索里尼的独裁者。他在“一战”结束之后几年就成了独裁者，带领意大利发动了对埃塞俄比亚的战争。

在由独裁者统治的国家里，人民很少会真正快乐。人们真正的想法决不能说出来，担心有些话会触犯独裁者，那样他们可以不经过审判就被关押；报纸只刊登独裁者要发表的观点；人们在专制统治下总是担惊受怕，因为独裁者的密探时刻在窥听、窥伺着，等着有人犯错，这样的话，那个人就死定了。

第一次世界大战后的和平时期虽然只有短短的 20 年，但是对于欧洲的几个独裁者来说，已经够了，他们正好利用这段时间登台掌权。

墨索里尼是够坏的了，但是和另一个欧洲独裁者比起来，墨索里尼真是“小巫见大巫”了。这个人就是德国独裁者的阿道夫·希特勒。

希特勒的同伙称自己为“纳粹党”。纳粹党人既野蛮又残忍。他们反对所有的犹太人，并迫害德国的犹太人。有些犹太人逃到了其他国家，而那些没有逃走的人都被关进了集中营，大部分人在那里都遭到残酷的折磨和杀害。纳粹党人建了许多大型毒气室，他们把成群的犹太人塞进这些毒气室，然后打开毒气。纳粹党人用这种方式屠杀了数百万犹太人。

希特勒

1933 年，希特勒成了德国总理和独裁者。他是一位极富煽动力的演说家，通过这些演讲，他可以鼓动听众按他的意愿去做。同时，到处都有他的纳粹密探，谁要是说一句反对他的话，往往会被纳粹的秘密警察逮捕。

希特勒计划使德国成为世界上最强大的国家。为此他开始组建一支庞大的军队。连小孩子都是纳粹俱乐部的成员，学习操练和懂得为国效劳。那些没有参军的男人被组成劳工营，去建造堡垒、军用公路和作战的装备。

尽管德国政府签署了《凡尔赛和约》，但德国没有受其约束。不久以后德国就拥有了大规模的陆军和空军部队。然后德国人开始侵略其他的国家。

“二战”爆发

那时，英国和波兰签订了一项协议。条约规定英国要保护波兰的独立。当德国威胁要进攻波兰时，英国就警告说英国有义务保护波兰。希特勒才不管这些，直接袭击了波兰。他先派出飞机向波兰人扔炸弹，随后发动陆军入侵，几天之内波兰陆军就覆没了。于是英国对德国宣战。这是在 1939 年，第二次世界大战由此开始。

接下来德国进攻了挪威和丹麦，然后继续向法国、比利时和荷兰进攻。墨索里尼看到德国节节取胜，就带领意大利加入战争，支持德国。不久荷兰、比利时和法国大部分地区都被德国人占领，只剩下英国和纳粹作战了。

在英国处于极度危险的时候，担任首相的是温斯顿·丘吉尔。丘吉尔是个勇敢倔强的人。尽管整个英国的坦克还不足100辆，飞机数量也比德国少，陆军兵力更是远不如德国。但是丘吉尔拒绝认输。丘吉尔多次向英国人民发表广播演讲，鼓励他们不管有多大的困难也要继续战斗下去。他说："我们将不惜一切代价保卫国土，我们要在海滩上作战，在陆地上作战，在田野、在街头作战，在山上作战。我们绝不投降。"

丘吉尔

纳粹党已经做好了侵略英国的准备。

他们准备了3000多条驳船载运纳粹士兵渡过英吉利海峡。但是希特勒打算先击败英国空军，这样他的部队在英国登陆就更容易了。大批纳粹飞机被派去轰炸英国机场和海港。

这时希特勒遭遇了第一次失败。英国的飞机数量虽然比德国少很多，但他们以高超的战术，打败了纳粹的飞机。这场空战被称为"不列颠战役"。在这场空战的头十天，英国人击落德军697架战机，而自己仅损失了153架！

法国沦陷以后，在德国进攻的所有国家中，只有英国还没有被征服。除了墨索里尼站在德国一边，日本也拥护德国，在中国烧杀抢掠、狂轰滥炸，无恶不作。

硝烟弥漫的战场

没有哪个国家能够确信自己不会遭到攻击。

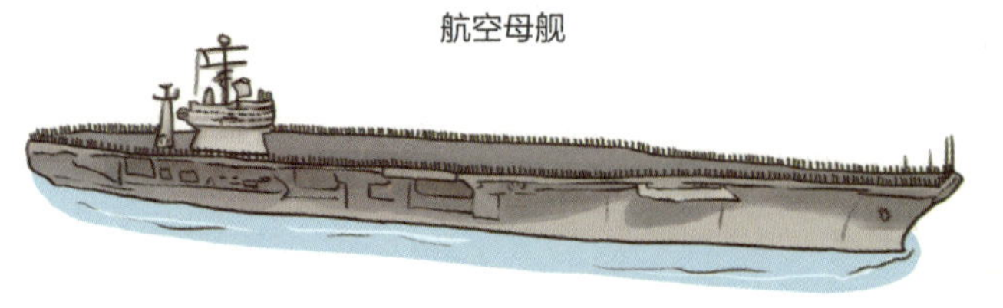
航空母舰

就连远在大洋彼岸的美国也感到必须加强防卫。不但要扩充军队，美国工厂也在加紧生产坦克、飞机和其他战备物质，开始为海军建造新船。虽然说在短时间内建不了一支强大的军队，但幸运的是，罗斯福总统领导全国人民为战争做了准备。因为在一年后，美国就遭到了袭击。

就在德国忙于在法国、丹麦和挪威建立自己的新秩序，同时设法用飞机征服英国的时候，意大利试图占领希腊和埃及。但是意大利人不像德国人那样勇猛善战，在意大利军队失败之后，德国人派了一支军队在3周之内就占领了希腊。他们还派兵到北非，与那里的英国人交战，这场战争一打就是3年。

随后，希特勒对苏联发动了进攻，他们希望迅速打垮苏联军队。纳粹党在苏联境内长驱直入，势如破竹，苏联军队虽然被击退，却没有被打垮。最后纳粹军队到达了莫斯科城下，他们从三面攻城，尽管德国人用几千辆坦克和飞机轮番进攻，苏联人还是坚守莫斯科达数周之久，击退了德国军队。莫斯科得救了。

就在苏联军队将纳粹军赶出莫斯科的时候，日本对美国发动了突然袭击。1941年12月7日，在毫无预警的情况下，日军的飞机轰炸了在夏威夷珍珠港的美国舰队，舰队损失惨重，2000多美国人丧生。第二天英国和美国对日本宣战。4天以后，德国和意大利对美国宣战。

战争结束了

想一开始就把日本阻止住是不可能的。日本人占领了属于美国的菲律宾群岛；占领了英国在新加坡的大海军基地；占领了属于荷兰的东印度群岛；占领了暹罗和缅甸，继而向印度推进；占领了马来半岛。而在此之前他们已经夺取了法国殖民地和中国的很多地方。

诺曼底登陆

罗斯福总统和丘吉尔首相决定先打败希特勒，然后再收拾日本。于是，美军和英军被派往北非，与那里的德军作战，并击败了德军。接着他们进攻意大利。

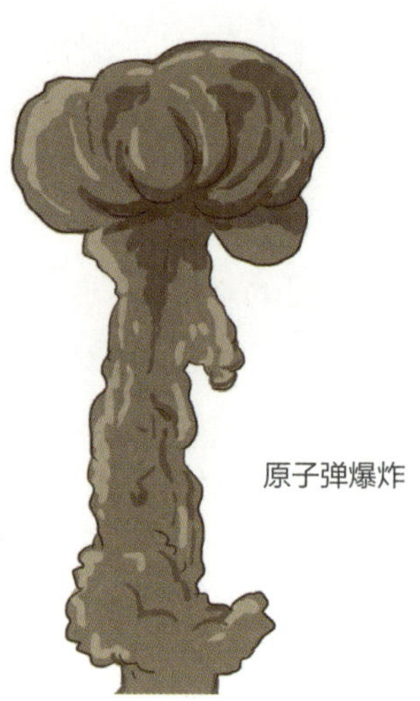
原子弹爆炸

大批美国和英国士兵被调集到英国。他们乘坐飞机从英国出发去轰炸德国人，还与德国飞机展开空战。最后，在1944年6月，进攻德军主力部队的准备一切就绪。在德怀特·艾森豪威尔将军的指挥下，庞大军队渡过了英吉利海峡在法国诺曼底登陆，与德国人浴血奋战，击退了德军。德军在追击下，从法国逃回德国。法国、比利时和荷兰都被解放了，再次成为独立的国家。

与此同时，在另一边与德国人作战的苏联军队也展开了大规模的强攻，一举把德国人打回了老家，他们乘胜追击，占领了德国的首都柏林。在意大利，墨索里尼被本国人抓起来枪决了。希特勒得知自己的军队战败的消息后，就自杀了。

可怕的纳粹最终被打败了，但是战争让千万人无家可归、忍饥挨饿。

在世界的另一边，中国的抗日战争仍在继续。打击日本人的许多战役接连展开——空战、海战及陆地战，日本侵占的土地一个又一个被收复，重获自由。日本接连失守，直到美国在日本的广岛、长崎投下了两颗原子弹，这件新式武器给日本带来了毁灭性的震慑，日本终于宣布投降。

日本递交投降文件

终于，德国在1945年5月投降，日本在1945年8月投降。世界历史上规模最大、最可怕的战争终于结束了。

第 47 章

苏联 一个新的世界强国

Soviet Union

区位 欧洲·俄罗斯　时间 20 世纪

十月革命

第二次世界大战后，众多国家都受到了重创，世界上只剩下两个真正的强国。它们的国土面积都很大，都有大量的土地资源、水资源、森林资源、矿产资源等。你知道我说的是哪两个国家吗？一个是美国，另一个是苏联。

苏联，就是我们前面说过的俄国，当时它还有另一个名字——苏维埃社会主义共和国联盟，简称

沙皇的宫殿克里姆林宫

为苏联。

俄国的统治者被称为“沙皇”。在彼得大帝之后，俄国被沙皇或女沙皇统治了近200年。后来，在1917年，俄国爆发了一场大规模的革命，当时在位的沙皇及其家族都被处决了。

这场革命的原因和法国革命差不多，沙皇和贵族有钱有势，而大多数人民却非常贫穷，生活得很悲惨，统治者们他们看不到任何的希望。

1917年，俄国已经参加了第一次世界大战，这场战争使人民的生活陷入更深的绝境。革命开始后，战士们停止了打仗，回国推翻了统治者。

列宁

无产阶级的领袖

为了发动这场革命，一个叫列宁的人已经筹备了很多年，他和他的战友们取得了这场革命的领导权。不久后，列宁成为革命政府的首脑，同时也是俄国的领袖。

在1922年，革命结束后，俄国改名为苏维埃社会主义共和国联盟。苏联

沙皇的冬宫

不仅包括已有的俄国，还有位于欧洲和亚洲之间的14个加盟共和国。

列宁信仰共产主义，在共产主义社会中，一切东西归国家和人民所有，政府保护广大贫苦人民的利益。

在共产主义社会，所有的工厂和商店都不能私有，而是归国家所有，就连国家本身，也是归全体人民所有。不像过去，大多数的财富和权力都掌握在沙皇和贵族的手中。

革命结束的初期，社会状况非常糟糕，经济落后，生产力低下，甚至有很多人在饥荒中饿死。但是，一所所学校建起来了，人们可以去学校接受教育，人们开始对未来的美好生活充满了希望。人们在河流上修建了大坝，它们为钢铁工厂和拖拉机厂提供了电力支持；贵族的宫殿变成了博物馆；莫斯科开始修建地铁；军队有了好的领导，士兵们也开始接受正规的训练。

“钢铁”一般的斯大林

列宁去世后，斯大林接替了他的位置。“斯大林”在俄语中的意思是“钢铁一般的人”。斯大林年轻的时候，曾经学习成为一名教士，但后来，他却成为了一名共产党员。在沙皇时期，共产党员的处境十分危险，他曾经被捕入狱，也因为发动革命而东躲西藏。正是这些经历，让他变得坚强、勇敢，这也是他被称为“铁人”的原因。

斯大林

在斯大林的领导下，苏联修建了更多的工厂和新的大城市。当第二次世界大战德国突袭苏联的时候，苏联军队在斯大林的带领下顽强抗战。结果就如你知道的那样，他们把德国人赶出了苏联，并乘胜追击，一直打到了德国。

昨天、今天、明天

不断更新的人类社会

Yesterday, Today, Tomorrow

区位 | 全球　时间 | 20 世纪至今

不断更新的历史

历史每天都在创造，每小时都在更新。我们可以在报纸和杂志上读到历史，也能在收音机或电视上听到历史。

直到今天，历史都是以一个接一个的战争故事作为标志的——有些战争规模大，有些规模小，有些时间短，有些时间长。几乎每个时期，世界上总有某个地方在打仗。历史就是战争、战争、战争——打啊、打啊、打啊。就像小孩子们在一起，总是动不动就闹矛盾，打一架。

我们钦佩、仰慕那些历史上的名人，像贺雷修斯、列奥尼达、圣女贞德、艾森豪威尔将军，以及那些保卫国家抵御敌人袭击的人，把他们誉为英雄。但是也有这样一些人，他们没有任何理由，只是为了自己的权力、财富或荣誉就去攻击别人，夺人性命。这些人，无论是国王、将军，还是王子，实际上和那些强盗没有任何区别。战争引起死亡，战争造成破坏，战争让千百万人失去了生命，耗费了数不清的钱财——这些钱原可以让我们生活得更幸福，可以把这个世界建设得更美好。

如果战争不终结，人们将会一次又一次地使用致命的武器，那么整个国家的人，乃至整个世界上的人都可能被杀光。曾经爆炸的原子弹，已经证明它的威力，一颗原子弹可以将整座城市炸得粉碎。

如今，人类的发明越来越不可思议。飞机、直升机和宇宙飞船取代了神话中的飞毯。只要能阻止战争，无论你的想象力有多么天马行空，凡是你能想象出来的东西，将来的某一天都有可能被发明出来——只要在这之前还没有一场战争把一切都毁掉。

医学上了不起的发现

发明和发现不完全相同。如果有个事物始终存在但是人们对它并不了解，而有人知道了它的存在，那么这就成了发现。

过去的100年中，发现和发明同样重要，甚至也像魔法一样不可思议。有些重要的发现是有关疾病和如何预防疾病的，比如下面这些东西。

接种疫苗。过去天花到处流行，这是一种致命的疾病。自从有人发现通过接种疫苗预防天花的方法以后，无数人的生命被挽救了，其人数几乎和被战争夺去生命的人数差不多。

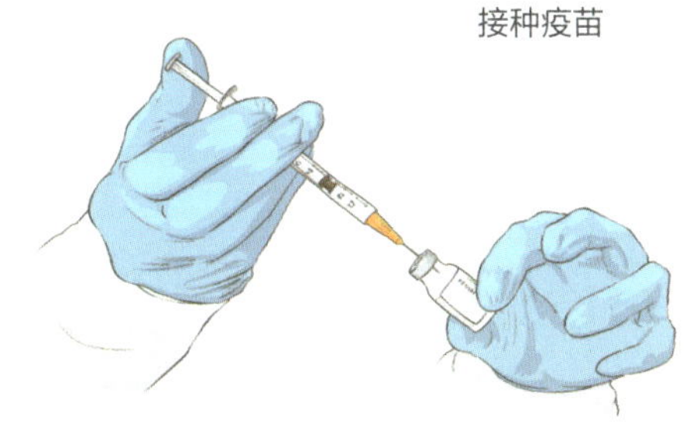
接种疫苗

牛奶的巴斯德氏消毒法。这是一种杀死致命细菌的方法，由一个法国人发现的，所以以他的名字命名。

预防注射。你知道这是什么吗？就是医生曾经给你注射的破伤风预防针或者伤寒预防针。

麻醉剂。如果你动手术，麻醉剂可以让你沉睡。这真是了不起的发现，你想想看，麻醉药的发现让人们避免经受多么大的痛苦。

青霉素。这是一个重大发现，青霉素的出现挽救了第二次世界大战中许多伤员的生命。它是一种抗生素，可以防止细菌滋生。

期待更好的未来

我希望还可以给你讲一些发明，比如电子眼、雷达和喷气推进器。我希望我可以介绍一些著名科学家，比如查尔斯·施泰因梅茨和阿尔伯特·爱因斯坦。我希望我可以告诉你关于他们的一切，但是我不能！这本书已没有地方再写这些神奇的故事了；况且，我也跟不上现在科学发展的脚步，新发现和新发明层出不穷——“每小时都有新货”。

这本世界史的故事到这里就要结束了，但这只是暂时的，因为历史是持续不断的故事，它总在不断地向前、更新……

如果你生活在公元10000年，那么我们现在的时代，不过是你的历史故事书的开端。甚至连世界大战，你都会觉得离你太遥远了。

也许那时的人们不再使用火车、轮船、汽车，甚至飞机，只要心里想一想就可以从一个地方到另一个地方，就像坐在魔毯上。也许那时人们不再使用信件、电话、收音机、电视，甚至电脑，而是可以直接读出彼此的心思，无论彼此相距多远。

也许到那时的人们知道了怎样建造不会污染空气和水的工厂，和怎样合理使用地球上的资源，这样我们就不会把资源耗尽了。也许，最好的事情就是：人们已经知道怎样解决问题，不再发动战争了！

宇宙飞船

图书在版编目（CIP）数据

希利尔儿童世界历史 /（美）维吉尔·莫里斯·希利尔著；《小小冒险家》编辑部编译．——北京：中国铁道出版社，2019.7
ISBN 978-7-113-24904-5

Ⅰ．①希… Ⅱ．①维… ②小… Ⅲ．①世界史－儿童读物
Ⅳ．① K109

中国版本图书馆 CIP 数据核字 (2018) 第 199482 号

书　　名：希利尔儿童世界历史
作　　者：【美】维吉尔·莫里斯·希利尔
编　　译：《小小冒险家》编辑部

策划编辑：聂浩智
责任编辑：郭景思　**电子信箱：**guojingsi@sina.cn
责任印制：赵星辰

出版发行：中国铁道出版社有限公司（100054，北京市西城区右安门西街 8 号）
印　　刷：中煤（北京）印务有限公司
版　　次：2019 年 7 月第 1 版　2019 年 7 月第 1 次印刷
开　　本：889 mm×1 194 mm　1/16　印张：14　字数：312 千
书　　号：ISBN 978-7-113-24904-5
定　　价：78.00 元